AF361108

Ce liure intitule eternelle consolacion.

y commence le liure intitule eternelle consolacion le/
quel est moult vtile et proffitable pour la consolaciõ
de toute humaine creature Et premierement parle
de linteriore cõuersacion cest a dyre : Comment la per
sonne doit conuerser selon lame. Premier chapitre.

Regnum dei intra vos et dicit dominus

E royaulme de dieu est dedens vous dist nostresei/
gneur iesucrist. Conuerty toy de tout ton cueur en
toy mesmes et laisse ce meschant monde Cestassa
uoir que nayes point damo² en luy et lors ton ame
trouuera en soy paix. Apren a mespriser ces choses
du monde et te donne a tes interiores Cest a dyre
a rendre adieu et atoy et tu verras le royaulme dedieu venir en toy.
Car le royaulme dedieu est paix en dieu et ioye ou saint esperit laql
le nest iamais es mauluais cestassauoir a ceulx qui sont en peche
mortel dieu viendra en toy et te demonstrera sa consolacion se tu luy
appareilles digne mansion Toute la gloire la beaulte quil demãde
en toy doit estre par dedens et la luy plaist il souuent te visiter et col/
loquer en ton ame La est la gracieuse sermocinacion dulce consola
cion grande paix et trop merueilleuse familiarite. Or doncques a/
me cristienne appareille ton cueur a cest espoux affin quil luy plaise
venir en toy et quil y puisse seuremẽt habiter Car il dit en ceste ma
niere Saulcun mayme il garde mes commandemens et nous viẽ/
drons et ferons en luy demourance. Donne doncques a iesucrist
lieu en toy et denye lentree a toutes aultres choses Se tu le peulx a
uoir tu seras riche et te debura souffire Il sera ton procureur en tou/
tes choses et ne te sera point de besoing auoir aultre esperance car les
hõmes faillent tantost et se changent de legier mais ihesucrist tous/
iours demeure et aide fermement iusques a la fin. On ne doit pas
mettre grãt fiance en homme fresle et mortel suppose mesme quil sẽ/
ble estre proffitable et amy ne aussi auoir trop grant pao² et tristesse
silest ennemy ou aduersaire Ceulx qui au iourduy seront tes amys
demain seront tes aduersaires et ẽnemys Et aussi parle contraire

a ii

ceulp qui au iour duy sont tes aduersaires demain serōt tes amys
pource que tantost se muent et changent et tournent cōme le vent.
Et pource tu doys mettre toute ton esperance et fiance en dieu tant
seullement: et ne amer ou doubter aucre qne luy. Tu nas point ycy
de demourance permanant quelque part que tu soyes en ce mōde. tu
es estrangier et pelerin et ne auras repos en quelque lieu si noŋ en
cueur quant tu seras vrayement ioinct a dieu: A quoy regarde tu
ne ca ne la pour trouuer repos: Soit ton habitation et demourance
es cieulp par amour et affectioŋ. Et point ne regarde les choses de
ce monde fors que en passant. Car elles passent ec deuiennent tou
tes anpent et tu aussy cōme elles. Et pource ne te tiens pas ou adiouste si fort a elles que tu y soyes prins et perisses auec elles. Ta
pensee soit tousiours en dieu et ta priere soit tousiours adressee a ihe
sucrist. Se tu ne scays contempler haultes choses et celestiennes
quier repos en la passioŋ de nostre seigneur ihesucrist et te tiēs voulentiers en la consideration de ses precieuses playes. Car se tu te
acoustumes a deuotemēt recourir aup playes et a autres signes de
la passioŋ nostre saulueur ihesucrist tu y trouueras grant reconfort
et consolatioŋ en tes tribulations et aduersitez et ne te chauldra
guere destre mesprise du monde et porteras se oŋ detrait ou mal dit
de toy. Pense cōme nostreseigneur fut mesprise du monde en la plus
grant necceffite quil eust en ce monde fut delaisse de tous ses amys
et prouchains. Cestluy doncques voulut cecy souffrir pour toy.
Pource tu ne te doys pas complaindre se oŋ dit peril de toy. Ihesucrist voulut en ce monde souffrir auoir aduersaires et detrayeurs.
Cest adire quilz disoyent mal de luy et sans cause et a tort. Et tu
veulp estre ame de tous et loue. Pour quoy sera ta pacience couronnee et remuneree se tu ne seuffres quelque tribulatioŋ et aduersite:
Se tu ne peuz ou veulp souffrir quelque contrariete: cōment pense tu
estre ame de ihesucrist. Seuffres doncques pour lamour de luy. Se
tu estoyes vne foiz parfaictement entre en luy et que tu eusses vng
peu assauoure la doulceur de son amour. Lors tu ne tiendroyes com
pte ou peu ou rien de ton prouffit ou dōmaige mais seroys plus iop
eulp se oŋ te faisoit ou disoit villennye ou quelque reprouche. Car
qui parfaictemēt ayme ihūcrist se esioyst se oŋ le mesprise. Qui par

faictemēt ayme ihūcrist et est vraymēt au cueur delivre et frāc de tou/
tes affections et passions desordōnees se peult franchemēt couertir
a luy et se esleuer sur soymesmes par cōtemplation et en son esperit
auoir vray repos. Cestuy qui a vray iugemēt et qui toutes choses
prise et ayme selon quelles sont. non pas selō les parolles et estima
tions du mōde. Cestuy est vrayemēt saige et enseigne plus de dieu
que des hōmes. Et cestuy ne requiert point lieu ou temps a auoir
ou faire ses epercitatiōs en deuotion. Vng hōme a ce acoustume se re/
colige. cest adire ses eyagacions de cueur. Car iamais ne se habaū
donne tout aup choses epteriores. Le labeur epteriore ou loccupa/
tion neccessaire pour aucun tēps ne luy nuysent point. mais quāt be
soing est il se employe par maniere de prest. Cest assauoir que quāt
il vouldra que il sen puisse retraire. Cestuy qui est biē dispose et ordō
ne par dedens cestassauoir en lame ne tiēt cōpte et ne prēt pas gar
de aup merueilleup ou aup mauuais gouuernemēs dautruy Tant
seullemēt il se empeche et occupe en tant cōme la chose luy appartiēt
Se tu estoyes biē cōpose et nectoye en tō ame toutes choses tebiē/
droyent en biē et feroys de tout tō proffit. Et pource quāt tu te trou
bles ou courrouces aucūeffoys que les choses ne viēnent pas a ta
voulente cest par ton imperfection et signe que tu nas pas ton affe/
ction ostee de ces choses terriēnes il nest rien qui ainsi ordoye et de/
tiēne le cueur dune personne cōme affection desordōnee a ses biēs ter/
riēs. Se tu reffuses cōsolacion terriēne et corporelle tu cōgnoistras
lors et sentiras cōsolacion espirituelle et sentiras si grāt ioye de cue²
que ne la sauras epprimer.

 En quoy appert vraye humilite. ii. chappitre.

  E te chaille gueres qui soit pour toy ou contre toy Cest
  adire qui te soubstiegne ou qui te foule. mais seullement
  prey garde que dieu soit auecques toy en toutes choses
  et que ce que tu fais tu faces tout pourlamour et hōne²
de dieu et que en ta conscience soit premieremēt lōne² de dieu et dieu te
deffendra se tribulacion te vient Car a cestuy que dieu veult aider
nulle mauuaistie humaine ne luy peult nuyre Se tu te scays taire
et auoir paciēce tu apperceueras tātost laide de dieu car il scet leure
et le temps et la maniere cōment te fault aider. Et pource tu tē dois

              a iij

rapporter a luy. Dieu aide et deliure de toute confusion. il est souuent/
teffoyz proffit que on saiche et congnoisse noz deffaultes et q on no'
repreingne pour auoir et garder humilite. Quãt vne persõne se hu
milie par ses deffaultes de legier, appaise ceulx qui sont courroucez
contre soy. Dieu deffend et deliure celluy qui est humble il le ayme
et le recõforte. Dieu par sa bonte et clemëce sencline a celluy qui est
humble. Cest adire a faire sa voulëte et epaulce ses prieres et oroi
sons. Dieu donne sa grace aux humbles et apres les oppressions
de ce monde les eslieue en sa gloire. Dieu reuelle ses secretz aux hũ
bles et les actrait et maine doulcemët a soy. Se on fait a vng hũ/
ble aulcune bonte ou confusion ou desplaisir il ne sen trouble point
ne nen pert point la paix de son cueur. Car il est stabile en dieu et
non pas au monde Ne te repute pas en rien auoir proffite se tu ne
te reputes le maindre et le plus imparfait de tous les aultres.

    De auoir et garder paix en soy et aux autres par dehors. iij.
chappitre.

     Mectz paine de auoir premierement paix en toy et lors
tu soarras appaiser les aultres a toy. Vng hõme paisi
ble peut plus profiter en vne cõgregacion que vng bien
saige voire qui ne lest pas. Vng hõme passionne cest
adire turbatif mesmemët de bien fait mal et de legier croit plustoft le
mal que le bien. Mais par le cõtraire vne bonne personne et paisi/
ble conuertist tout en bien et de nul na mauuaise suspectiõ mais cel
luy qui est mal ordõne et remply de diuerses passions et mauuaisef
suspections iamais na repos ou paix en soy ne aussi aux aultres et
trouble chascun et mesme toute la congregacion. Il dit souuentce
quil ne deuroit pas faire et ne fait pas ce quil deuroit faire il conside
re et regarde tresbien ce que les aultres deuroyent faire pour les iu/
ger et reprendre se ilz ne le font et ne pense point a ce quil est tenu
defaire. Ayes doncques premierement regard sur toy et sur tes
cuures et mectz paine de toy amender. Et lors tu pourras iustemë
corrigier les aultres. Tu scays tresbië aucuneffoiz epcuser et palier
tes deffaultes. mais tu ne veulx receuoir les epcusaciõs des aultres

Ce seroit plus sainte chose et a loer que tu te epcusasses que tu ep
cusasses les aultres se tu veulp que on te porte.cestassauoir que on
ait paciēce en tes deffaulp porte les aultres et ayes paciēce des le̾s
regarde et considere cōment tu es encore loing de vraye charite et hu
milite laquelle iamais ne se courrouce ou porte indignaciō fors a soy
mesmes et a ses pechez Ce nest pas grāt louēge de cōuerser et estre
paisible auec les bons et debōnaires car cest vne chose naturelle et
qui naturellemēt plaist a tous mesmes aup bestes irraisonnables.
car naturellemēt chūn ayme paip et demeure voulētiers auec ceulp q̄
sont de son accord mais demoure paisiblemēt auec paruers et mau
uais turbatifs et qui ne gardent paip a eulp ne a autruy.cest grant
louenge grāt grace et hōneur et signe de force espuelle.il sōt aulcuns
q̄ sōt paisibles en eulp et aussi auec les autres sesfozcēt dauoir paip
Et il sōt aulcuns qui nont point depaip en eulp ne aussi ne sesfozcent
point de auoir paip auecques les aultres mais tousiours en tribu
laciō et noise et ceulp icy son griefz a pozter mais encores se poztent
ilz plus a grant paine Et les autres sont qui en eulp et auec les au
tres sont paisibles et mesmēt se esfozcent de appaiser et accozder les
autres se noise ou tribulaciō y est aucune.et ceulp icy sont les plus
parfaictz.Toutesfoys toute nostre paip en ceste miserable est plus
en humblemēt souffrir et pozter paciāment que en auoit point de tri
bulaciō ou de aduersite ou cōtrariete celluy qui mieulp scet souffrir
et vaciāmēt a plus grāt paip et mieulp la garde.Et vng tel est vi
ctoriē de soy mesmes seigneur du mōde amy de ihesucrist et heritier
du royaulme des cieulp.

Depoure pensee et simple intention.   iiij. chappitre.

La personne a deup helles par lesquelles elle se eslieue a
dieu et delaisse le monde Cestassauoir simplesse et pur
te.Simplesse est alentenciō et purite en laffectiō Sim
plesse tend a dieu.Cestassauoir quant ce que on fait po̾
lamour de dieu seullemenc aulmoins principalement pource gouter
et assauourer dieu se tu es franc en ton cueur de toute affection desoz
dōnee riens ne te peult empeschier a bien faire et en toutes tes eu
ures tu ne demandes que le plaisir et lamour de dieu et le proffit de tō
prouchain tu es franc et deliure de mauuaise entenciō. Se tō cue̾

a iiij

estoit net et droit a dieu.lors toute creature te seroit vng miroüer et
liure de sainte vie et doctrine Car il nest si ville ou petite chose cree de
dieu en laquelle ne reluyse et soit represente la bonte et sapience de
dieu. Et se tu estoyes dedens toy cestassauoir en tõ cueur pur et net
lors sans empeschemẽt tu verroys et congnoistroys toutes choses
Cueur pur et nect perce par consideraciõ et le ciel et enfer Et cõme
vne personne est par dedens telz iugemens fait il des choses par
dehors sil peult estre ioye en ce mõde vng hõme peult apperceuoir
et sil y peult estre tribulacion ne aduersite se cest hõme de mauluaise
conscience. Ainsi cõme le fer qui est mis au feu se amolist et deuient
tout ardãt cõme feu pareillement la personne qui parfaictemẽt se cõ
uertist a dieu oste de soy toute paresse et negligẽce et est trãsmuee eñ
nouuelle personne. Mais quant vng hõme se cõmence a delaisser de
bien faire et deuient remis et negligent.lors il doubte et ressoigne
mesmement petit labour et quiert voulentiers ses cõsolacions ex-
terioses et corposelles. Mmais sil se veult vng peu faire de forte ql
cõmence a vaincre et surmonter celle negligence et laschete et aler de
grant cueur en la voye et au chemin de dieu.lors il apperceuera que
ce nest riens et quil doubtoit et ressoignoit et luy semblera que ce q
luy sembloit estre fort a faire est treslegier.

De propre consideraciõ de soy mesmes.   .v.chappitre.

Ous ne deuuons pas trop croire a nous mesmes ou a
nostre sẽs.car aucũeffoiz la grace de dieu nest pas auec
no et nostre sẽs sãs elle est petit et sõmes peu eluminez
et encores ce peu de lumiere q no auõs perdrõs no par
nostre negligẽce. Souuẽteffoiz aussi no ne cõgnoissons pas nostre ignorãce ou cecite No faisons aucũeffoiz mal et ẽcoresppye no
excusons nostre faulcete faulce no sõmes aucũeffoiz esmeuz contre
aultruy par passiõ ou affectiõ desordõnee et no cuidõs q ce soit zele
ou ardãt amo no reprenõs les aultres petites faultes et ne voyõs
pas ou cõgnoissõs les nostres q sont pl grãdes No sentõs et pẽ
sons tãtost ce que les aultres no sõt contre nostre voulẽte ou plai
sir mais no ne regardõs pas ce q aultrefoiz no les auõs fait mal

Qui bien et droit peseroit ses faultes il ne verroit quelque grant
chose a respondre sur aultruy. Qui a parfaictement cure et soing de
son ame il mect toutes aultres choses arriere po' y penser et vaquer
Et qui diligemmnet pense et entend en soymesmes de legier se taist
des aultres. Jamais tu ne prendras proprement garde a toy et ne
seras ia deuot se tu parles voulentiers des aultres car cest signe que
tu ne te congnois pas encores bien. Se tu ne penses que a dieu et
a toy il ne te chauldra gueres que on face aultre part a q̄ et a quoy
peses tu se tu ne penses a toy. Et que te proffiteroit se tu gouuer/
noys toutes les choses de ce monde et de to' nauroys pointde cu
re. Se tu veulx auoir vraye cure de toy paix et vnion en ton cueur
il conuient que tu oublies toutes les choses de ce monde et que tu
ayes tousiours deuant tes yeulx ton cueur. cest adire que tu penses
seullement de toy. Et pource en ce proffiteras tu grandement quāt
tu te retrairas de toute occupacion mondaine et te garderas de tel/
le cure et sollicitude. Tresbien profiteras quant tu reputeras toute
chose terrienne estre riens et ne tiengue cōpte ne ny mectes ton plai
sir et ton affection ou que tu ne te y delictes tant soit grande ou preci
euse ou belle si nō en tāt que ce soit ou appartiengue a lōneur de dieu
repute vanite toute cōsolaciō mōdaine qui te peult venir de quelque
creature. Lame qui ayme parfaictement dieu mesprise toutes aul/
tres choses pourlōneur de luy. Dieu est pardurable et infiny tout
remplent cest adire souffisant est assauoir le desir de lame son soulas
et sa consolacion sa vraye et parfaicte ioye.

De la ioye et liesse de bōne cōscience. Vi. chappitre.

Agloire et la ioye dune bonne personne est tesmoignai
ge de conscience cest a dire que il sesioyst tant seullement
en ce que en son cuenr ou en sa cōscience na point remors
de peche mortel quil saiche. et sil le sauoit le confesseroit
et compteroit le plustost quil pourroit. Ayes bonne cōscience et tu
seras tousiours ioyeulx voire de bonne lyesse. Bonne conscience
peult souffrir et auoir pacience et est ioyeuse en aduersite. Mauuai
se conscience est paoureuse et na point de repos. Se tu nas point
de remors de conscience en tō cueur de nul peche tu reposeras souef
uement. Ne te sioys point fors que en bien pēsant et biē faisant.

Les mauuais nont iamais ioye et ne sentent paip de cueur. car ilz
ne sceuent que cest. Car dieu dit quil nest point paip aup mauuais
pecheurs Et silz se disent.cest adire quilz cuidêt en leur disant. Noꝰ
sommes en bône paip il ne nous viêdra point de mal nul ne noꝰ peut
nuyre ne le croy pas. cest adire ny ayes point fiance car soubdaine‐
ment viêdra lire. Cestassauoir la pugniciõ de dieu sur eulp et toutes
leurs euures seront mises a neât et toutes leurs mauuaises cogi‐
tacions periront. Se glorifier et esioyr en tribulacion nest pas forte
chose a celuy qui aymе dieu. Car telle ioye et glorificacion est en la
passion de nostreseigneur ihūcrist. La ioye et gloire que prênêt ou dõ
nent les hômes . cest adire le monde est riefue et tousiours auec el‐
le ya aucune tristesse. La gloire des bons est en leurs cueurs et con
scieces et nõ pas en la bouche des hômes. La liesse et epultaciõ des
iustes est de dieu et en dieu:car elle est de verite. qui vrayemêt desire la
gloire vraye et perdurable ne tient côpte de la reporelle qui ne la mes
prise en son cueur il se môstre vrayement quil nayme pas la celestiel
le. Celluy a grãt paip et trãsquillite de cueur qui ne tient compte de
la louenge et blasme du monde. Laquelle chose fera legicrement et
prôptement celluy de qui la consciêce est necte. Tu ne seras pas pour
ce plus sainct ou meilleur se on te loue.ne aussipire et plus meschã̂
se on te blasme.tu es ce tel comme tu es.tu ne seras pas autre pour
les parolles du monde que tu es deuant dieu. Se tu côgnois et re
gardes quel tu es au cueur tu ne tiendras côpte de ce que les hom‐
mes diront de toy.les hômes voyêt par dehors mais dieu voit par
dedens. Les hômes voyent les euures mais dieu voit lentencion
Fayre tousiours bien et ne sentir rien de soy.cest signe de hûble cueur
ne vouloir point estre côsole ou reconforte de quelque creature est si‐
gne de grant purite interiore et de grant fiance en dieu qui ne demã‐
de point ou desire quelque tesmoignaige dehors cestassauoir du mô‐
de il appert quilcest cômis a dieu et si fye tant seullement. Car non
pas celluy q̃ se loue.mais celluy q̃ dieu approuue et recômande est a
louer auoir son cueur fiche en dieu et ne auoir point dautre affectiõ
terrienne est ce qui appartient a la personne espirituelle ou qui veule
viure selon dieu.

De la timeur et crainte de dieu sur toutes aultres choses:
vij . chappitre.

Eluy est bien benoist qui congnoist et appercoit en soy ꝗ
cest a amer iħesucrist et contempner et mespriser soy mes=
mes pour lamour de luy.il fault et couuient delaisser vng
amy pour lautre ce st le monde pour dieu car iħucrist veut
estre ame tout seul et sur toutes choses lamour des creatures est faul
ce et instable.mais lamour de iħesucrist est vraye et perseuerāt.Qui
se adiouste ou appuye a la creature il fault quil tombe quant elle luy
fauldra.mais qui embrasse iħesucrist il sera tousiours ferme et esta=
ble pource que sa fiance iamais ne fauldra. Et pource ayme le et le
retien pour ton amy. Car suppose que tout le monde te laissast si ne
te laissera il pas perir. Il fault que vne foys tu soyes separe de tou=
tes choses de ce monde vueilles ou non. Et pource tien toy fort a
iħesus et viuant et mourant et te commectz et fiez a sa pitie et miseri=
corde. Car quant toutes les autres choses te fauldront luy tout
seul te peut secourir et aider.mais aduise que cestuy tō amy est de tel
le nature quil ne veult point auoir compaignon en ton amour.mais
tout seul veult auoir ton cueur cōme il est digne. Et la cestassauoir
en cueur veult estre en paip cōme vng roy en son trosne assis. Et pour
ce se tu te sauoys bien euacuer ou vuider ou oster de toutes autres
creatures iħesus seroit tresuoulentiers et demouroit auec toy.
Quāt tu metras ton amour en quelque creature hors iħesus tu te
trouueras tout estre perdu. Ne te fyes ou appuyes en lamour de ce
monde:ne que en vng roseau vuide et vain. Car tout homme est cō
me foing ou herbe seiche et la gloire de ce monde comme la fleur du
pre qui tantost est passee. Tu seras tantost deceu se tu prens tant
seullement garde a la prescience de ce monde par dehors. Et se
tu quiers ou demādes tō soulas ou gaing au mōde tant seullemēt
et es choses dycelluy le plus souuent tu y trouueras pl᷑ de dōmaige
ꝗ de proffit Et se tu quers et desires dieu en toutes choses tu luy trou
ueras mais se tu te demāxes tu te trouueras mais a ton dōmaige

Car vne personne est plus nuysant a soy mesmes se elle ne quiert
ihesus que tout le monde ne tous aduersaires.

De auoir familiarite a ihesucrist et du proffit quil en vient. Viij.
chappitre.

Vant ihesus est present tout bien y est ne il nya rien qui
semble fort ou difficile mais par le cõtraire quãt il ny est
tout est dur et aspre. Quãt ihũs ne parle dbõs ou cuez
toute autre cõsolatiõ est desplaisant. Mais se ihesus dit
vne toute seulle parolle on sent grãt cõsolation. Exẽple auõs de la
magdalaine laquelle tãtost se leua du lieu ou elle plouroit pour la,
mour de soy frere puis que sa seur luy dist. Nostre maistre est venu
et te demande. ho que cest bonne heure quãt ihesus appelle cest a di,
re reconforte de larmes a la ioye delesperit cõme es tu dur et sec sãs
ihesus cõme es tu sot et vain se tu quiers ou demandes riẽs fors q̃
ihesus Nest ce pas plus grãt dõmaige de perdre ihesus que se tu per
dois tout le mõde. Que te peut proffiter tout le mõde sans ihesus.
Estre sans ihesus est grãt enfer. auoir auec soy ihesus est grãt pa
radis. Se ihesus est auec toy il nest riẽ qui te puisse nuyre. qui treu,
ue ihesus auecsoy il treuue vng tresor precieulp et meilleur et plus
grãt sur tous les autres. et q̃ pert ihesus il pert tout biẽ et plus q̃ sil
perdoit tout le mõde. celuy est trespoure q̃ vit sãs ihesus. et celuy est
tresriche auec qui est ihesus. Cest grãt chose et saigesse sauoir biẽ
cõuerser auec ihũs et le sauoir garder auec soy est grãt prudẽce soyes
humble et paisible et dieu demourra auec toy. Tu le peuz tãtost per,
dre et mettre dauecques toy dehors se tu te habãdõnes a choses ter
riennes et mõdaines Et quãt tu lauras boute hors et chasse a qui
peuz tu aller ou quel amy pourras tu trouuer sans amy ne peuz tu
biẽ viure et se ihũs nest biẽ tõ amy especial cest a dire q̃ tu laymes
biẽ sur tous les autres tu seras trop triste et desole. Et pozce tu la
heures folemẽt se tu tesioyes ou recõforte en autruy. on doit plzessi,
re de auoir tout le mõde cõtraire ou aduersaire a soy q̃ seullemẽt ihũs
courroucer tãt soit pou a soy. et pozce on doit mettre toute sa diligẽce
de amer ihũs seullemẽt. car on doit amer les autres pozlamoz de luy.

Mais luy sur tous et duãt tous autres et pour luy seulement ihe/
sus doit estre singuliereremēt et especialemēt ame car il est tout seul
bõ. Et tousiours trouue loyal amy sur tous autres. Pour lamo(ur)
de luy et en luy doit vng chascun amer et amys et ennemys et auoir
chiers. Et doit on prier pour eulx tous ace que to(us) puissent cognoi/
stre seruir et amer iamais ne desire a estre singulieremēt ou especiale
ment ame ou loue. Car cecy appartiēt singulierement et tant seul/
lement a dieu qui na point de pareil ou semblable.   Et ne vueillez
point ou desirez que aulcun soit trop ensflāme de ton amour en son cue(ur)
ne aussi nayes point trop ardanment lamour daultruy en tõ cueur
Mais seullement desire que ihesus soit singulieremēt ame de toy et
de toute bonne personne. Soyes pur et franc en ton cueur sãs amo(ur)
desordõnee a quelque personne ou a autre chose du monde. Il fault
que tu ayes le cue(ur) pur et nect adressie franchemēt a dieu se tu veulx
aulcune doulceur sentir de luy. Et sans faulte ace ne peulz tu parue
nir si non que sa grace se esueille et incite et actraye a soy et que tou/
tes choses soyent vuidees et boutees dehors de toy. Cest adire laf
fection que tu auoyes desordonneement aux choses de ce monde pur
gees et nectoyes deuement tu soyes vny a ihesucrist comme seul a
seul. Cest a dire que tu ne penses que a dieu et a toy aussi cõme sil
ny eust en tout le monde que dieu et toy. Cõme vng bon pere en la
vie des peres disoit:et respõdoit avng aultre qui se cõplaignoit de la
vagacion de son cueur. Quant la grace de dieu vient en vne personne
lors il est fort et puissant contre toutes choses contraires et prest de
tout faire:mais quant la grace de dieu se deppart de la personne et q
elle la laisse.lors la personne est pourre enferme et foible a rien souf
frir ou faire tãt seullemēt delaissee en tribulation.mais touteffois il
ne se doit pas desesperer mais en paciēce souffrir iusqs a tãt qlplai
ra a dieu et souffrir et rapporter tout a la louenge de dieu et auoir es/
perance en luy. Car apres lyuer vient leste. Apres lannyt le iour.
Apres la pluye et grant tempeste vient le beau temps.

De nauoir point de consolation ou deffault de consolation.
ix. cappitre.

E nest pas forte ou griefue chose a vne personne de mespri/
ser confort ou consolacion humaine quant il a celle de dieu .
Mais cest grande et tresforte chose de nauoir confort ou consolacion
ne de dieu ne des hommes et vouloir souffrir et porter pour lamour de
dieu en son cueur comme exil et aucunemet se perdre et oublier et ne
se reputer pas estre digne ne tenir compte de soy et nauoir pas mes
mement regard au merite ou a la retribucion Quelle grant cho
se est ce se tu es ioyeulx et deuot quat la grace de dieu est auec toy cest
a dire quat tu sens consolacion de dieu en toy : chescun desire ceste heu
re et ce temps Celluy cheuauche bien a aise qui la grace de dieu por/
te Celluy nage bien et seuremet a qui dieu soustient le menton Ce
nest pas merueille se celluy ne sent point la charge ou le fays qui est
porte de dieu tout puissant et se celluy ne se foruoye pas que dieu con
duit et maine Mais nous venons apeine a celle perfection et a grat
difficulte nous pouons nous laisser et despoiller et voulentiers recep
uons consolacion Saint laurens auec son euesque vainquit et sur
monta ce monde car il auoit oste de son cueur et mesprise tout ce q peut
ou semble estre delectable ou plaisant en ce monde Et pource son bon
euesque saint sipte pape iacoit ce quil laimast moult tendrement tous/
tesfoiz pour lamour de dieu il portoit paciemmet estre separe de luy au
cun temps Et doncques pour lamour du createur surmotoit lamo[r]
de la creature et ayma mieulx que la voulente de dieu fust faite que
sa consolacion Pareillement se tu as vng bon amy et proffitable a
toy se te semble .tu le doiz voulentiers laisser po[ur]lamo[r] de dieu et estre
separe de luy : et ne te trouble pas ou courrouce sil te laisse come par
obeissance ou autre cause raisonnable Car tu dois sauoir quil no[us]
fault finablement en ce mode estre separe lun de lautre aumoins par
lamort iusques ad ce quen celle belle cyte de paradis serons venus
de laquelle nous ne partirons iamais lung dauec lautre . Mais en
ce monde nauons point de cyte ou demourance perpetuelle Mais on
ne vient pas si tost a cest estat de ainsi surmonter et vaincre ses af/
fections mais se fault fort combatre et batailler contre ses passios
et toute son affection et amour mettre en dieu . Quant on est trop
arreste sur soy cest sur son corps on acquiert et demande de legier ses
consolacions et plaisirs en ce monde . Mais celluy qui vrayment

cest adire de tout son cueur ayme ihesucrist et se efforce et estudie de
acquerir les vertuz ne quiert point ou demande ses consolations hu
maines ne ses doulceurs sensibles. Mais prent plus de plaisir en
fortes excercitacions soustenir et durs et aspres labeurs pour ihesu
crist. Quant doncques tu auras ou sentiras aulcune consolatio es
pirituelle de dieu: recoys la humblement et doulcement en luy remer
ciant devotement: et pense que tu ne las pas desservy Mais que cest
seullement la grace et bonte de dieu et ne te orgueillys pas ou estouys
trop fort ou presume de toy: mais soyes plus humble du don de nostre
seigneur et te tien plus cautement et en plus grat doubte en toutes
tes euures en pensant que ne face chose pour quoy la grace de dieu te
laisse. car tantost viendroit temptation et seroyes en peril. Et sil ad
uient que celle grace et consolation, te soit ostee ne ten trouble point
ou courouce pas contre dieu. ne prens en toy desperation. mais hu
milie toy en doubtant que nen soyes en cause et atten pacianment
de rechief ceste grace et visitation de dieu. Saichant que dieu est tout
puissant et te peut de rechief renuoyer et redonner ceste grace ou aussi
plus grant si luy plaist. Et ceste chose et alternacion de telz conso
latios nest pas nouuelle ou de nouuel commencee a ceulx qui sont
espays au chemin de dieu et acquisitions des vertus. Car les an
ciens saintz et prophetes tant du viel comme du nouuel testament
souuent ceste alternacion sentoyent et experimentoyet en eulx. Et
pource sug eulx cestassauoir dauid en la presence de ceste grace disoit
iay dit a mon habondance. Cest a dire iay pense ou cuide en mon
cueur en la grant et habondant consolation que iay sentye iamais
ie nen partiray. Cest adire ie cuidoye ainsi estre mais apres que ce
ste grace cestoit departie et quelle lauoit laisse il dit et racompte ce ql
sentoit et apperceuoit. Tu as destourne ta face de moy et tatost iay
eu perturbacion. Cest a dire iay apperceu si que ce que ie sentoye es
toit pour ta presence par ta grace non pas par ma force et vertu Tou
teffois aps ce departemet ou mutatio encore ne se desespera point
mais plus instamet et soigneusemet se retourna per dieu et dit aussi si
re ie crieray cest adire de grat cueur et voulete ie esperay et reqerray mon
dieu finablemet il met aps ql fruict il a recueilly et aporte de son oraiso
en disat mon dieu ma ouy et a eu pitie de moy et cest fait mon adiuteur.

Mais en quoy il a conuerty mon gemissement ma douleur a moy en
ioye et ma enuironne de lyesse : cest a dire il ma remply tellement de
ioye que de toutes pars ie la sens comme vne chose qui enuironne
lautre de toutes pars . Et doncques se ainsi estoit fait aux sainctes
personnes et qui ainsi estoient parfaictes et amyes de dieu nous ne
nous deuons pas desesperer poures et meschans et enfermes si no~
ne sommes continuellement en telle deuocion ou ferueur que nous
vouldrions mais sommes froiz et secz de deuocion Car nous deuo~
sauoir q~ cest la grace du saint esperit q~ va et vient quãt il luy plaist
selon son bon plaisir et voulente et non pas selon la nostre . Car ce
pouons nous congnoistre en ce que quant nous la voulons auoyr
nous ny pouons paruenir : et aucunesfoiz quant nous ny pensons
pas ou au moins que nous ne nous y appareillons pas ou efforcõs
ycelle nous vient et cest ad ce que quant nous lauons nous nen p/
nons pas orgueil et quant nous ne lauons nous nayons pas desp/
esperacion mais ayons patience Et cestce que dit iob Tu le visi/
tes au matin et soubdainement le preuues . Par le matin est enten
du le temps de prosperite Cest a dire comme la grace de dieu est en la
personne laquelle ainsi comme le soleil luyt sur terre il enlumine les
tenebres qui ont este en la nuyt . Aussi la grace de dieu enlumine la
personne et luy donne consolacion et congnoissance laquelle nauoyt
pas en temps dauersite . Et pour ce iob veult dire q~ nostreseigneur
nous visite par sa grace quant elle est en uous mais soubdainemẽt
apres il la nous souftrait quãt nous ne sauons et par ceste soustra
ction il appreuue nostre patience . Sur quoy doncq~s puis ie auoyr
esperance ou en quoy me confier si non en la seulle misericorde de dieu
et sa seulle grace Car il ny a quelque personne ou compaignie ne de
freres deuotz ne de bons et loyaulx amis ou parens ne oraysons biẽ
dictees ou rimees ne beau chant ou quelque instrument qui me pu
isse guaires aider ou reconforter par dedens quant la grace de dieu
me laisse et en ma poure pourete me relinquist . Et a ceste tribulaciõ
porter et soustenir na meilleur remede que dauoir patience et se sub/
mettre du tout a la voulente de dieu et luy prier quil face de nous ce q~l
luy plaira tant seullement quil ne nous delaisse pas finablemẽt A
grant peine ou iamais ne trouueras quelque saint tant deuot ou reli

gieup qui nait en soy epperimente de ceste substraction de grace qui
sentent diminucion de ferueur & deuocion. Nul oncques ny fut tãt
hault rauy ou esseue qui nayt eu temptacion ou deuant ou apres
car il nest pas digne de haulte contemplacion de dieu qui na eue ceste
epcercitation dauersite et tribulacion. Car la temptacion precedent
est signe de consolacion qui viendra. Pour la consolaciõ espirituelle
et celestrielle est promise et donnee a ceulp qui serõt epcercitez et prou
nez par temptacions. Car il est escript en lappocalipse. Je douray
dist dieu a mengier du fruict de vie a celluy qui aura surmõte et vain
cu. Or ne peult on surmonter ou vaincre sans batailler. Mais no/
streseigneur donne ceste consolacion diuine affin que vne persõe soit
plusfort a soustenir et porter aduersite mais apres ceste consolacion
et reconfort vient la temptation affin que la personne ne sen orgueil/
lisse de cõsolacion. Lanemy ne dort pas iamais ne la chair nest pas
encores mortifiee. et pource tu dois tousiours estre certain de assaultz
car il te assauldrõt et te appareille de y resister car tant cõme tu es en
ce monde tu as aduersaires et ennemys de toutes pars a dextre et
a senestre. Cestassauoir en prosperite et aduersite lesquelz iamais
ne reposent ou cessent.

Destre bien congnoissant la grace de dieu et len remercyer soy/
gneusement.   p.chappitre.

Our quoy demandes tu repos en ce monde ycy quant
tu y es mys pour labourer. Appareille toy plustost a pa
tience auoir que a receuoir consolacion et plus a porter et
souffrir tribulaciõ quauoir ioye et lyesse qui est celluy tãt
soit seculier ou mondain qui ne receust voulentiers lyesse et consola/
cion espirituelle sil la pouoit tousiours auoir a son plaisir. Car con/
solacion espirituelle passe et surmõte toutes ioyes mõdaines et volu
ptez ou delicez charnelles. Dist a dieu le psalmiste dauid. Les mau
uais dist il nous racomptent ou rapportent fabulaciõ mais elles ne
sont pas sire cõme vostre loy. cest adire elles ne me assaueurent pas
au goust de lame cõme vostre loy espirituelle. car toutes les delices
du mõde sont ou vaynes ou ordes et deshõnestes. Mais les delices

espirituelles sont ioyeuses et honnestes et viẽnent de vertus inspi
rees de dieu aux cueurs nectz et purs. Et ceulx icy na pas chascun
a son plaisir et vouloir pource que lon nest pas longuement sans tẽ
ptation. Et est assauoir que ala visitacion de dieu et celestielle con
solacion est moult contraire a faulce liberte et grant confiance et as
seurance de soy. Dieu qui est bon de sa bonte fait ce bien de donner
ceste consolacion. Mais en celomme fait son dommaige quant il ne
lattribue pas tout a dieu et ne len remercye pas deuement. Et pour
ce ne puent pas les dons de grace tousiours descendre en nous. car
nous sommes ingratz et ne les attribuons pas ne ramenous en
leur fons ala premiere naissance dont ilz partẽt et viennent en nous
cest dieu. Car tousiours la grace de dieu est donnee a celluy qui en
rend graces et mercys. Mais elle est ostee a celluy qui sen orgueil
list et est donnee a celluy qui se humilie plus. Je ne vueil point laco
solacion laquelle oste de moy componction ne ie ne desire pas cõtem
placion de laquelle vient elacion. Car toute haultesse nest pas sain
te ne toute douleur bonne ne tout desir nest pas pur et nect ne toute
chiere chose nest pas agreable ou plaisante de dieu. Tresuoulen
tiers recoys la grace par laquelle ie dois estre plus humble et plus
paoureux enuers dieu et plus prest et appareille a me deuyer cest adi
re a laisser a mon propre sens et ma propre voulente. Celluy qui est
bien enseigne de la grace de dieu et a bien aprins en soy et par soy ce
ste instruction de la visitacion de dieu ne se osera iamais attribuer a
soy quelque bien que ce soit mais se reputera et cõfessera estre poure
et desnue de tout bien. Donne a dieu ce qui est a luy et te attribue
ce qui est tien. Cest a dire recongnoys que tous les biens qui sont
en toy se aulcuns en ya viẽnent de dieu. Mais les maulx et pechez
qui sont en toy viennent de toy et que tu es digne den estre pugny et
non aultre. Mectz toy tousiours au plus bas cestassauoir en ton
cueur et en ta reputacion. et dieu te epaulcera et esseuera iusques au
plus hault Car haultesse nest point sans baisseur comme on scet di
re montaigne nest point sans valee. Et les sainctz de paradis qui
sont epaulcez et esleuez de dieu sont en eulx treshumbles. Car ilz
sont sy plaines de vertus et de la gloire celestielle et diuine que va
nite et gloire mondaine ny peult auoir lieu. Ilz sont fondez et con

fermez en dieu pource nullement ne se pouent esseuer ou en orgueil/
lir. Et pource quilz attribuent a dieu toutle bien quilz ont et sce[n]
uent et congnoissent bien qnil vient de dieu nullement nen ont vai/
ne gloire et ne desirent ou ne veussēt point que on les en soue ou glo
rifie. Mays desirent que toute la gloire et souenge en soit a dieu
nostre saulueur et desirent quilz soit tant seullement soue en eulp et
en tous ses sainctz et aultres creatures et tousiours tendent et ont
seur voulente et entētion a ce et en ce. Se tu doncques rendz gra
ces a dieu nostreseigneur pour ses petis dons tu seras digne de rece
uoir plus grans biens. combien que tu peup quelque don de dieu re
puter ou estimer petit. Mais quelque chose qui te viengne de no/
streseigneur tant soit poure ou petite tu la dois recepuoir tresreuerā
ment et reputer tresgrant chose et especiale. Et se tu regardes biē
la dignite et grandeur du donneur tu verras quil ny a riens qui viē
gne de luy qui soit petit. Car le souuerain seigneur cestassauoir
dieu ne peult riens donner qui ne soit bien grāt suppose mesmes q̄l
flagellast ou pugnist car quelque chose quil nous face ou enuoye il
se fait pour nostre tresgrant proffit et iamais contre nostre salut ne
souffreroit quelque chose nous aduenir se a nous ne tiēt Car quāt
nous ne vsons pas bien de ses dons cest a nostre dommaige mais
pource ne luy deuons pas attribuer la coulpe mais a nous et a no/
stre deffault. Et pource quelque chose quil nous enuoye ou seuf/
fre a venir nous la debuons humblement recepuoir et sen remerci/
er. Or doncques qui vouldra retenir sa grace rēde graces et mer
cys a dieu. Et qui la vouldra recouurer sil a perdne. aye pacience et
porte paciamment iusques a la voulente et plaisir de dieu et luy pri/
er quil luy plaise la luy rendre. Et sil la recoure se tiengue humble/
ment et cautement affin quil ne la reperde.

De ce quil est pou de gens qui parfaictement vueillent porter
la croix ihesucrist Cest adire suffrir paciamment pour lamour de luy
tribulacion ou aduersite ou affection corporelle comme par peniten/
ce recepuoir en soy en ce monde.   pi.chappitre.

B ij

Ostreseigneur ihesucrist si a pour le present plusieurs
qui desirent a venir en son royaulme des cieulx. Mais
peu en y a qui veullent porter auec luy sa croix. Plusieurs
desirent consolacion mais peu veullent porter ou souffrir
sa tribulacion. Il treuue plusieurs compaignons a sa table mais
pou en son abstinance. Tous desirent eulx esiouyz auec luy en sa gloi
re. mais bien peu veullent souffrir pour lamour de luy quelque chose
en ce monde. Plusieurs lensuyuent iusques a la fraction de son pain
mais pou iusques a boire le calice de sa passion Cest adire que plu
sieurs veullent prendre la reffection de sa ioye en paradis mais pou
souffrir en ce monde. Plusieurs honnorent et racomptent ses mi
racles mais pou ensuyuent la honte de sa croix. Plusieurs lay-
ment comme ilz nont point de tribulacion ou aduersite. Plusieurs
le louent et le mercyent tant longuement quil recoyuent grande con
solacion et grace de luy. Mais sil sesloigne ung petit de eulx et
quil les delaisse cheoir en quelq petite tribulacio ou aduersiteet quilz
nappercoyuent tantost reconfort ou consolacion ilz se layssent tomber en tristesse et melencolie merueilleuse et murmurent contre dieu.
Mais ceulx qui vrayement quierent ihesucrist cest adire tant seulle
ment pour lamour de luy et non pas pour quelque proffit singulier ou
consolacion qui leur en viengne a leur personne singuliere ceulx le
quierent en tribulacion et engoisse de cueur aussi bien quilz feroyent
en souuerayne doulceur et consolacion et le beneissent et remercyent.
Et si nauoyent esperance que iamais leur donnast reconfort ou con
solacion ou fist quelque bien toutesfoys tousiours le vouldroyent
louer et remercier. Et ceste amour est poure et necte forte et puys
sante qui nest point meslee auec quelque aultre amour ou propre prof
fit. Car qui quiert en lamour de dieu aultre chose que ihesus cōme consolacion ou aultre proffit singulier il ne demande ou requiert
pas purement ihesus. mais principalement sa consolacion ou singu
lier proffit. et biē le voit on car quāt ceste cōsolaciō fault lamor fault
en murmurāt et estāt en tristesse cōe dit est par deuāt. et telz amateurs
de ihus peut on mieulx dire mercenaires ou locatifz q filz ou espoux
Et semble que au seruice quilz font a nostreseigneur ilz ayment
plus leur gaing et proffit que le proffit de ihesucrist ou son vtilite.

Ou sera celluy trouue qui ainsi le peult aymer et sans telle enten/
cion ou regard a soy serue a nostreseigneur ihesucrist. Et comme on
scet dire telz seruiteurs sont bien clairs semez qui de telles affecti/
ons soyent proprement despoillez et deliurez. Helas ou trouuera
lon le poure desperit qui de tout affection quelconque de quelcõque
creature soyt vrayement despine et deliure. Son loyer et sa retri/
bucion sera de loingtains pays et des dernieres regions cestassa/
uoir deparadis. Et cest ce a quoy nous deuons tendre especialle
ment religieux et qui veullent tendre a parfaicte deuocion. Car se
vne personne auoyt laisse tout quant quil a en ce monde ou faisoyt
grande penitence et nauoit celle vertu las cest pou ou riens au re/
gard delle et sil auoit aprins toutes les sciences encores en est il biẽ
loing. Et sil a grant vertu et deuocion ardant encores luy fault il
toutes choses laisser et soy mesme hors de soy se departe. Cest adi
re que nulle propre affection de soy ne a soy ne retiengne. Et quãt
il aura tout fait ce que on luy aura commande et acomply que il cuy
de et repute quil naura encores riens fait qui soit meritoire pour lui
ou de grant proffit. mais veritablement se repute inutile et indigne
de quelque desserte ou retribucion ou bien ou quil le dye nõ pas seul
lement de bouche mais se repute en son cueur ainsi estre comme no/
streseigneur le dit en leuangille. Quant vous aures fait tout ce
qui vous aura este commande dictes nous sommes seruiteurs in/
utiles car nous nauons fait si non ce a quoy nous estyons tenus
et obliges. Lors pourra il estre prouue poure desperit et despine de
toutes affections maaluaises et dire auec le prophete dauid. Que
ie suys poure et soulet. Toutesffoys nul nest plus riche dung tel
nul nest plus puyssant nul plus franc de celluy qui se peult ainsi re
linquir et mettre ainsi bas voyre quãt a son estimacion.

De la royalle voye et chemin de la saincte croix de nostreseigneur.
vij.chappitre.

Lusieurs sont aux quelz ceste parolle est dure et aspre.
Va et denye toy mesmes et prent ta croix et me ensuy.
Mais encores plus dure chose sera ouyr celle terrible et
B iij

derniere parolle que nostreseigneur ihesucrist dira aup dampnez au
grant iour du iugement. Depportez vous de moy mauldiz et
descendez au feu perdurable cestassauoir en enfer. Car ceulp qui
present oyent voulentiers et ensuyuent la parolle de nostreseigneur
et la croip ensuyz cest a dire souffrir paciemment et voluntairement
pour lamour de luy tribulacion et aduersite. faire penitence de leurs
pechez en ce mode. A celle heure la du iour du iugemet ne doubterot
pas la parolle de la separacion de sa compaignie que auront les dã
pnez. Car le signe de la croip de nostreseigneur sera au ciel quãt
il viendra en iugement. Et lors tous les seruiteurs de la croip
lesquelz se seront confermez en nostreseigneur crucifie en leur vie vie
dront en grant fiance a luy comme soubz la baniere de ceulp qui sau
ront tousiours seruy et ame. Pour quoy doncques doubtes tu
prendre la croip parlaquelle seullement tu peulp paruenir et acque/
rir le royaulme de paradis. En la croip est ton sauluement. En
la croip est ta vie En la croip est ta protection et deffense contre tes
aduersaires. En la croip est linfusion de souueraine doulceur. En
la croip est la force de ton esperit. En la croip est la ioye de ton ame.
En la croip est perfection ou sainctete. En la croip est la haultesse
de vertu. Il nya point salut a lame ne esperance a la vie pardura/
ble fors que a la croip. Pren doncques la croip et ensuys ihesu/
crist et tu paruiendras a la vie pardurable. Il est alle deuant toy por/
tant sa croip et te monstrant le chemin et est mort pour toy portant sa
croip et demourant en la croip affin que tu lensuyues en portant po
luy la croip et desires mourir en la croip pour lamour de luy. Car
se en ycelle tu meurs cest adire finys tes iours en grande penitence
tu viuras pareillement auecquez luy pardurablement sans fin et
se tu es compaignon de luy en peyne tu le seras aussi en gloire. Or
doncques en la croip est tout bien constitue et en ycelle mourant mu
cye cest a dire que on ne peult veoir ne apparceuoir iusques a la mort
Et il nya point daultre chemin pour aller et cheminer a la vie par/
durable de laultre monde ne aussi a auoir en ce monde vraye paip
de cueur fors le chemin de la croip de nostreseigneur ihesucrist cest a
dire de penitence et cothidienne mortificacion de soy. Va ou tu voul
dras quiers ce que tu vouldras car tu ne trouueras pas autrevoye

dessus plus sainte ne cy embas en ce monde plus seure que le che/
min de la croix. Cest adire de penitence ou pacience en aduersite.
Regarde tous les estas et gouuernemens de ce monde et les dispo
se et ordonne a ton plaisir et vouloir et tu ny trouueras nul ou il ny
ait a souffrir ou malgre soy par aduersite et tribulacion ou de son
gre par penitence et ainsi tu trouueras par tout la croix Car ou en
ton corps sentiras tu douleur et maladie ou a ton ame soustiendras
tribulacion de tribulacion de temptacio ou en ton estat temporel des/
plaisir et aduersite. Aucunesfoys dieu te laissera temptacion en
lame vne autresfoys ton prouchain te expercitera par persecucion ou
dommaige quil te vouldra faire. Autrefoyz tu te sentiras en vne tel
le tristesse et melencolye de cueur que a peyne te pourras porter toy
mesmes et ne trouueras quelque consolacion ou remede que tu y
puysse mettre pour toy aleger ou deliurer. Mais il fault que tu seuf/
fres et ayes pacience iusques au bon plaisir de dieu. car dieu veult
que tu apprengnes a souffrir et porter tribulacion sans consolacion
et que tu te submectes et attendes de tous pointz a luy et en tenant
en humilite et pacience soubz sa main. Nul ne peult si cordiallemt
sentir la passion de nostreseigneur et redempteur ihesucrist en son cuez
comme celluy qui a pareillement souffert et soustenu. La croix
doncques test appareillee par tout et par tout te attend en tous estas
Tu ne la peuz doncques eschapper quelque part que tu voises. car
en quelque lieu que tu soyes tu te portes tousiours et treuues toy/
mesmes. Tournetoy hault ou bas dehors ou dedens a dextre et a
senestre partout treuues tu tribulacion et aduersite ce est force et ne/
cessite que ayes pacience se tu veulx auoir et acquerir la vraye paix
de ton cueur et desseruir la couronne perpetuelle. Mais se tu veulx
vng peu aprendre a porter ceste croix elle te portera Cest adire que
par bonne acoustumance et bonne voulente que dieu ty verra auoir
il la fera plus legiere et moins griefue et te amenera le droit chemi
au lieu ou il ne te fauldra plus rien porter ou soustenir. mais ce ne se
ra pas en ce monde ou en ceste vie. Se tu la portes enuys tu te
fays charge et fayz que elle est plus griefue a porter. Et toutes
foyz il conuient et est force que tu la portes vueilles ou non. Et

pource faiz de necessite vertu Cest a dire que ce quil te fault porter
de necessite te soit meritoire et proffitable au sauluement de ton ame
par pacience.   Se tu en cuydes debouter vne tribulacion par ad
uenture tu en trouueras vne aultre plus grande et plus griefue.
Pensez tu eschapper ou euiter ce que nul homme mortel ne peut onc
ques faire. Lequel de tous les sainctz de paradis a passe de ce mon
de sans aduersite ou tribulacion et sans ceste croix.   Nostresei
gneur mesme ihesucrist tant comme il fut en ce monde ne fut pas
sans peyne et douleur vne seulle heure.   Lappostre dit quil con
uint a ihesus souffrir en ce monde et ainsi entrer en sa gloire.   Il
fault touteffoys entendre que ce quil conuenoit nestoit point de nec
cessite a nostre saulueur ihesucrist. mais de sa grant bonte pitie et mi
sericorde voulut ainsi souffrir pour nous. Celluy doncques en sa
propre gloire na pas voulu entrer aultremet. Come veulx tu donc
ques querir et demander aultre voye et autre chemin que celluy que
ton roy et seigneur ta voulu demonstrer et appareiller cest le chemin
de la croix.   Toute la vie de nostreseigneur ihesucrist a este passio
et martire et tu quiers et demandes ioyeusetes plaisances et repos.
Tu erres se tu penses trouuer aultre chose en ce monde que peyne
aduersite et tribulacion Car toute ceste vie est pleyne de miseres ad
uersitez et tribulacions et toute enuironnee de croix. Et de tat que
vne personne a plus prouffite et approuche plus de parfection de
tant apparcoit il mieulx et congnoist les croix aduersitez et tribula
cions qui y sont Car de tant croist plus en son cueur la doulceur de
son exil cestassauoir la esfonguacion du pays ou il tend et desire par
uenir Mais touteffoys vng tel ainsi afflict et deso se nest pas sans
releuement de consolacion par la grant esperance quil a du loyer et
fruict quil attend de la pacience quil a et quil porte. Car par ce quil
se submect voulentiers et de bon courage la grant fiace quil appar
coyt en luy luy fait grant confort et grande consolacion Et de tant
que la chair est plus mortiffiee par ceste aduersite et tribulacio de tat
lesperit est plus sainctifie par la grace de dieu nostreseigneur et de sa
consolacion interiore et aucuneffoys est tellement reconfortee et de
si grant cueur et voulente porte et soustient ceste aduersite et tribula

cion quil ne vouldroit pas estre sans tribulacion et aduersite Car
il croyt fermement que tant sera il plus agreable a nostreseigneur
de tant quil pourra plus endurer es aspres tribulacions et aduersi
tes pour luy soustenir. Et cecy nest pas la force et vertu de lôme
mais la grace de dieu quil luy donne si grant force quil puysse en la
chair et fresle corps faire si grant merueilles que ce que naturelle
ment il refuyt et a horreur par force et ferueur desperit il ayme et sy
ardamment entreprent. Ce nest pas naturelle chose a vng homme
porter la croip Cest adire tribulacion amer et chastier sa chair et sô
corps et le submectre a lesperit fuyr les hommes. Souffrir voulen
tiers iniures et villennyes et a tort mespriser soy mesmes amer. es
tre mesprise souffrir dommaiges et aduersitez et ne desirer quelque
prosperite en ce monde. Se tu regardes bien en toy tu ne trouue
ras point telle force ne que se viengne de toy. Mais se tu regardes
et te confie en la grace de nostreseigneur il te donnera telle grace que
le monde et la chair seront subiectz a toy et entant que tu en seras
seigneur et maistre et que mesmes tu ne doubteras lennemy se tu es
arme de vraye foy et du signe de la croip de nostreseigneur ihesucrist
Dispose toy doncques comme bon et loyal seruiteur de ihesucrist a
porter de grant cueur la croip de ton seigneur ihesucrist qui a este cru
cifie pour lamour de toy. Appareille toy de soustenir en ce meschât
môde et vie des aduersitez et diuers dommaiges et desplaisirs p̃
lamour de luy. Car par ainsi sera il tousiours auecques toy et te
trouueras auecques luy quelque part que tu soyes Il te fault ainsi
estre et ny a aulcun remede de escheuer ses grandes tribulacions et
aduersites quil fault et conuient que tu seuffres. Et pource faiz
de necessite vertus et les soustiens de bon cueur et affectueusement
se tu desirez estre amy de nostreseigneur ihesucrist et auoir paip auec
ques luy Et les consolaciôs laisse en son ordonnance et que de elles
il ordône ainsi q̃ mieulp luy plaira Mais te ppares et appareilles a
souffrir et soustenir tribulaciôs et reputes q̃ elles sôt grâdes côsola
ciôs et signe damour q̃ dieu te dmôstre en les énoyât car toutes les
peynes de ce môde ne sôt pas dignes daq̃rir la gloire pardurable que
nous actendons suppose q̃ tu les puisses toutes soustenir tout seul.

Quant tu seras a ce venu que tribulaciõ te semblera doulce et que
tu y prendras grant plaisir et grãt saueur pour lamour de ihesucrist
lors pense que tu es benoist en ce monde car tu as trouue paradis
en ceste terre. Mais si longuement que tribulacion te sera griefue
et que tu la porteras enuys et que tu penseras a la fouyr si longuement seras tu sans consolacion. Mais se tu te disposes a ce a quoy
tu es en ce monde mys. Cestassauoir a souffrir et mortifier pour lamour de nostreseigneur ihesucrist nostre saulueur tantost tu te trouueras mieulx et trouueras ta paix. Et mesmement se tu estoyes
rauy iusques au tiers ciel comme saint pol lappostre fut pour cela
nes tu pas asseure de nauoir point de tribulacion en ce monde.
Nostre seigneur ihesucrist dist de saint pol. Je luy monstreray
comme grans tribulacions il fauldra quil seuffre et soustienne pour
mon nom. Il te conuient doncques souffrir et soustenir se tu desires a luy seruir obeir et amer perpetuellement. Plaise luy que soye
digne de souffrir aulcune chose pour son nom quant grande gloire
en auroys tu. Comme feroys tu grant ioye et grant lyesse aux
saintz deparadis comme grant edificaciõ ilz prendroyent ceulx qui
le verroyent. Car chascun recommande et loue paciece suppose que
bien peu de gens soyent qui la veullent auoir ne qui veullent gueres souffrir. Et se nous ypensons a bon droit deuons nous souffrir vng peu pour nostre saulueur et redempteur ihesucrist quãt par
le monde tant de gens tant de peynes et tant de grandes engoisses
il seuffrent par tout le monde. Sachez pour certain quil te fault
en ce monde cy prendre et ensuyuyr la vie de ceulx qui pensent tantost mourir. Car telz ne pensent ne ilz ne leur chault de chose qnõ
face ou dye en ce mortel monde ne de richesses ne de honneurs ne de
force ne de beaulte ne de cheuance acquerir. Car ilz sceuent bien que
telles choses ne leur sont plus de besoing. Et de tant que vne personne sera en ceste maniere plus mort et mortifie en soy et au monde de tant commence il plus a viure en dieu. Nul nest habille ou
digne de recepuoir nulles cõsolaciõs diuines sil ne se submect a porter
ou soustenir aduersite pour lamour de nostre saulueur et redempteur
ihesucrist. Il nest en ce monde riens plus agreable et playsant a

dieu ne a toy plus proffitable ne au salut de ton ame que voulentiers
souffrir pour lamour de nostreseigneur ihesucrist.   Et se on te don/
noit la election tu deuroys plus desirer a souffrir tribulacions pour
lamour de nostre saulueur ihesucrist nostre redempteur que auoir grã
des consolacions diuines ou espirituelles car tu es en ce plus sem/
blable a ihesucrist et te confermeroyes plus a tous ses saintz qui en
ce monde cy ont souffert et soustenu pour lamour de luy. Car le me/
rite et prouffit de nostre sauluemẽt nest pas necessaire a sentir telles
doulceurs et consolacions espirituelles recepuoir. mais plus cest en
souffrir et soustenir voulentiers tribulacions et aduersites pour la
mour de nostre saulueur et redempteur ihesucrist. Car certainement
sil eust en ce monde quelque chose meilleure et plus prouffitable et
meritoire pour le sauluement de la personne que soustenir et porter
voulentiers aduersitez et tribulaciõs nostreseigneur ihesucrist leust
demonstre de parolle et de fait.   Mais touteffoys le contraire est
vray Car il en horte ses disciples et appostres qui sensuyuoyent et
tous ceulx qui le vouldroyent ensuyuir manifestement a porter sa
croix Cestassauoirporter et souffrir tribulacion en ce monde pour
lamour de luy quant il dit.   Se aulcun veult venir apres moy et
me ensuyuir il doit desnyer soy mesmes Cest a dire renoncer a ses
propres voulentez et desirs et prengne sa croix et me ensuyue. Et
quant nous aurons leu et serche plusieurs escriptures la conclusiõ
derniere et finable cest que par plusieurs tribulacions il nous fault
entrer au royaulme de dieu.   Laquelle chose dieu nous vueille oc/
troyer par sa grace et misericorde. Amen.

Cy finit le traicte des amonicions attrayans som
a ses interiores c est a dire espiritualite.

y commence le traicte de linteriore collocucion de no/
stre saulueur ihesucrist a lame deuote. Et est la se/
conde partie de ce liure.   Premier chappitre.

Audiam quid loquatur in me dominus deus.

Ie escouteray ce que monseigneur mon dieu parlera en
moy. Benoiste est lame qui apparcoit en soy la voix de
son dieu qui parle et recoit la doulce consolacion de sa pa
rolle Cest a dire de son inspiracion. Benoystes sont
les oreilles de lame lesquelles recoyuent en elles la doulce interiore
colocucion diuine et ne escoutent ou recoyuent point les tumultes
ou noyses des collocucions du monde. Benoistes sont les oreil/
les voyre de lame qui ne entendent pas la clameur qui sonne par de
hors mais escoutent bien la verite quil enseigne par dedens. Be/
noytz sont les yeulx qui sont clotz et fermez a regarder les choses
mondaines. mais sont ouuers et entendus aux choses interiores
et diuines. Benoitz sont ceulx qui clerement apparcoyuent les cho
ses interiores et se estudyent a eulx appareiller par epcercitaciõ quo
thidienne a congnoistre de plus en plus les consolacions et secretz
diuins et celestielz. Benoitz sont ceulx qui se efforcent de vacquer
a dieu et se despechent et despouillent de tout empeschement du sie
cle. Pense a cecy mon ame et y regardes et clos les huys et por/
tes de ta sensualite. Cest a dire tes sens du corps separe des plai/
sances mondaines affin que tu puysses ouyr et apparceuoir ce que
ton seigneur ton dieu parlera en toy. Et se tu veulx sauoir que cest
cecy dit ton amy ihesucrist. Ie suys ton salut ta paix et ta vie.
Garde toy a moy et tu trouueras ta paix. Laisse et oublies tou/
tes choses transitoires et mondaines et enquiers et desire les per/
durables. Quelles sont toutes choses mondaines et temporel/
les fors xceptions et tromperies. Et que peuuent aider ou proffi
ter toutes les creatures de ce mõde sil aduenoit que dieu teust lais
se et deguerpy. Toutes choses doncques delaissees et arriere mises
rens toy playsant et loyal a ton createur affin que tu puysses parue
nir a la vraye beatitude.

Que verite cest assauoir dieu parle a lame sans noise ou tumul/
te de parolles.   ij. chappitre.

Parlez sire car vostre seruiter vous escoutera. Sire ie suys
vostre serf donnes moy entendement affin que ie sache voz

tesmoignages et voz cōmādemēs. Enclinez mō cueur es parolles
de vostre bouche. descēdez en moy la doulce parolle cōe la doulce rosee
Les enfās disrael cestassauoir les iuifz disoyēt iadis a moyse. par
les tu a no⁹ et no⁹ te escouterōs et q̄ dieu ny parle point affin q̄ no⁹
ne mōrōs. mais nō pas sire ie vo⁹ prie ne me faites pas ainsi ie vo⁹
prie hūblemēt cōe samuel le prophete et desire de tout mō cueᵌ en di
sāt Parles a moy sire dieu car vostre seruiteur escoute. cest a dire est
entendu a vous ouyr. Je ne vueil point ou desire que moyses par/
le a moy ou aulcun aultre des prophetes. Vous qui tout seul sans
eulx vouez parfaictemēt enseigner ce et ceulx quil vous plaist. mais
eulx sans vous ne peuent rien faire ou dire ou proffiter en rien. Ilz
peuent vrayement dire et proferer par dehors par parolles mais ilz
ne baillent pas le sens ne lentendement espirituel. Cest adire ilz
ne peuent faire quon lentende par effect et par execucion. Ilz peuēt
aulcunement dire et proferer par belles parolles et adorneез. mais
se vous vous taises ilz ne enflament point le cueur. Ilz baillent les
lettres mais vous ouures et demonstres le sens Ilz prononcent les
misteres clos mais vous desclaires et referes lentendement des cho
ses encloses et figurees. Ilz demonstrent les cōmandemens mais
vous aidez a les acomplir. Ilz demonstrent la voye et le chemin
mais vous donnez force a aller et cheminer par ycelluy. Ilz parlent
tant seullement par dehors mais vous enseignez et enluminez les
cueurs par dedens. Ilz arrosent tant seullement par dehors. mais
vous donnez la fructiferacion par dedens fort habondant. Ilz
cryent fort dehors en grandes parolles. Mais vous donnez entei
dement au cueur: Ne parle point doncques a moy moyse. mais
vous monseigneur mon redempteur et mon dieu perdurable verite
que ie ne mente et soye sterile et sans fruict se ie ne suys tant seulle/
ment instruit enseigne ou admonneste par dehors et non aide et en
flamme par dedens et que la parolle que iauray ouye ou que le biē
que ie sauray se ie ne le faiz et acomplis et mettz en effect soyt ma cō
dempnacion se ie le congnoys ou puys apperceuoir et ne layme se ie
le croy et ne le garde. Et pource sire plaise vous parler en moy car
vostre seruiteur vous escoute cest adire a voulēte de vo⁹ obeir. car vo⁹
aurez parolles de vie perdurable. Parlez a moy en aucūne cōsolaciō

de mon ame et lamentacion de toute ma vye et a la louenge gloi/
re et honneur de vostre magnificence. Amen.

Que les parolles de dieu doiuent estre escoutees en grãde reue/
rence et humilite et comme sont plusieurs qui nen tiẽnent pas grãt
compte. iij.chappitre.

Scoute mon filz mes parolles tresdoulces et delecta/
bles et qui passent la science des philosophes et saiges
clercs de ce monde. Mes parolles sont esperance et vie
Cest a dire espirituelles et qui ne se doiuẽt pas peser ou
estimer selon les sens ou engins humains. On ne les doit pas prẽ
dre ou traire a la vayne plaisance. mais on les doit ouyr en silence de
cueur et recepuoir en grant humilite et affection. Dit dauid le pro
phete. Benoist est lomme sire que vous aues aprins et endoctrine
et lauez enseigne en vostre loy affin que vous luy soyes doulx et de
bonnaire es mauuais iours Cest au iour du iugement et quil nait
pas desolacion en la terre voire de paradis ou de lautre monde. Je
dy monseigneur et enseigne des le commencement. Les prophe/
tes qui vous ont fait et escript les escriptures en mon nom et iusqs
a present ie ne cesse de parler a vo' Cestassauoir par les prescheurs
et clercs qui vous denoncent ma voulente et entencion et ceq vous
debuez faire et de quoy vous vous debues garder. Mais peu en
ya qui y entendent et plusieurs sont qui y sont ou font les sours et
durs. Plusieurs escoutent plustost le mõde que dieu et a luy obeis
sent plustost que a dieu leur seigneur et leur createur. plus legtere/
ment ou plutost ensuyuent et acomplissent lappetit et voulente de la
chair que le plaisir et commandement de dieu. Le monde promect
les choses terriennes et temporelles de bien peu de valeur et on se
sert de tresgrant cueur et voulente. Je promectz tressouuerains
biens et perdurables et les cueurs des hommes sont remys et pa
resseup a me seruir et obeir. Qui est celluy en ce monde qui dausfi
grant cueur et grans diligence me serue et obeisse a moy comme on
sert au monde et aux seigneurs terriens. Ayes ou pren honte et
vergoigne en toy. Sydon dit lamer. Par sydon qui est cite et

vault autant a dire comme Venacion ou entent de gens de religion
qui doyuent estre clos en leur cloistre et vnys comme en vne cite. Et
doyuent ensuyuir dieu par bonne odeur et memoire et ses euures cō
me les chiens Venatiques la beste sauluage Et par la mer est enté
du le monde et les mōdains. Au quel monde sont flotz et tempe/
stes de cures et solitudes mondaines qui ne laissent ceulx qui y sōt
arrester ou auoir paix ne repos ne dehors ne dedens. Cest a dire a
soy ne en soy ne a autruy. Dit dōcques lamer cest a dire le monde
et les mōdains. Asidon cest aux religieux et gens deglise. Ayes
honte ou pren Vergoigne que iay et prens plus grant cure soing et
peyne et trauail dacquerir les biens honneurs et estatz de ce mon/
de que tu ne faiz a auoir et acquerir lamour de dieu et les Vertus et
biens espirituelz ausquelz touteffoiz tu es tenu et oblige de met/
tre peyne dauoir et acquerir et qui te sont plus necessaires et proffi/
tables et lesquelz tu peulx mieulx acquerir et a moyndre peyne et
trauail se tu Veulx. Et se tu demandes la cause escoute pourquoy
est.   Pour vne petite prebende ou aultre benefice lon fera vng
tresgrant chemin de cy a court de romme ou aultre part par deuers
celluy qui a la donnacion ou puyssance de la dōner. Pour auoir ou
acquerir paradis ou quelque bien espirituel a grant peyne peult lon
trauerser son pied de lieu en lautre.   On achete chierement quelq̄
chose terrienne et qui gueres ne vault. On tence on crye et fait on
vne grant noise deshonnestement pour vne maille ou pour vng de/
nier ou pour quelque Vanite ou petite promesse que quelcū aura fai
cte ou trauaille de iour ou de nuyt.   Helas mais pour le bien espi/
rituel pour le loyer inestimable pour honneur souuerain pour la gloi
re que iamais ne fault acquerir on est paresseulx et a grant peyne
Veult on prendre et endurer vng peu de trauail. Ayes et pren en
toy grande honte et grande Vergoigne religieux ou personne deglis/
se prescheurs negligens.   Car les mondains sont plus prestz et
soigneux de faire aucuneffoiz leur dampnacion Cest a dire chose
qui est a leur dampnacion que tu nez a labourer pour acquerir le
sauluement de ton ame.   Ilz se esiouyssent plus en Vanite que tu
ne faiz en Verite. Et touteffoyz aucuneffoyz ilz sont bien deceuz.
Mais ma promesse nul ne decoit ne iamays ne laisse sans fruict

et retribucio. Cestuy qui y met son esperance ie te dourray ce que ie tay promis iacompliray mes parolles mais que tu demeures et perse ueres iusques a la fin loyal en mon amour. Je suys remunereur de tous biens et qui esprouue ceulx qui ont en moy deuocion. Et pour ce escrips mes parolles en ton cueur et les considere et pense diligem ment car elles te sont tres necessaires et proffitables en temps de tribulacion. Tu cognoistras au iour de la visitacio cest du iugement ce de quoy tu ne tiens compte maintenant quant tu vis. Jay acoustu me de visiter mes seruiteurs et amys en deux manieres. Cestassa uoir par temptacio ou tribulacio et consolacion. Je leurs fais tous les iours deux lecons. Lune en blasmant et en reprenat les vices et pe chez. lautre en eportant a vertus et a bones euures. Qui oyt et en tend mes parolles et les mesprise et nen tient compte il aura qui le iu gera le dernier iour cest au iour du iugement.

Oraison a desseruir la grace de deuocion.

On dieu monseigneur vous estes tous biens. Et q suys ie sire qui presume parler a vo prier et faire oraisons. Je suys sire vostre trespoure seruiteur vil et obiect vermine grandemet plus poure et cotemptible que ie ne sauroys ep primer. Souuiegne vo mo tresdoulx dieu et seigneur que ie ne suis riens ie nay rien et ne puis rien. Vo estes tout seul bo et iuste et saint vous pouez toutes choses vous souffisez a tout et eployez tout et ne mesprisez que les pechez. remembres vous sire de voz misericordes acie nes et remplissez mon cueur de vostre grace que ne voulez point q vo euures soyent vaines et vuides. Comme sire pourroys ie estre ne demourer en ceste miserable vie se vous ne me reconfortez et conso les de vostre grace et misericorde. Ne vueillez pas sire destourner vo stre face de moy. Ne vueillez pas esloigner vostre visitacion. Ne vueillez pas soustraire vostre consolacion que mon ame ne soyt en uers vous seiche et sans fruict comme terre ou na point deaue pour larouser. Enseignes moy sire faire vostre voulente. Enseignes moy conuerser deuant vous dignement et humblement. Car vous estes ma sapience et me congnoissez en verite et veritablement et auez cōgneu dvāt que ie fusse ne en ce mōde dvāt q̃ se mōde fust fait

Que on doit conuerser en ce monde devant dieu humblement et
veritablement.　　　iiii.chappitre.

Ostre seigneur admōneste ungchacū en disant. Mō filz tiē
toy dvāt moy en ce mōde en verite et me gers en la simplesse
de tō cueur. Car qui chemine dvāt moy cest adire q̃ vit en verite cest
assauoir qui maine telle vie cōe son estat se requiert et q̃ nest pas seul
semēt religieup dabit ou de nom mais de fait ou œuure tel sera asseu
re de toutes malles encōtres cestassauoir de ennemys et verite se deli
urera de ceulp q̃ se veullēt decepuoir et des detractiōs et mauuaises re
nōmees des mauuais. Et se verite te deliure ou a frāchist tu seras
vrayemēt frāc et ne tiēdras cōpte des vaines parolles du mōde. He,
las sire il est vray ce q̃ vo' dictez vostre verite mēseigne elle me garde
et iusq̃s a sō salutaire me cōferme. Elle me deliure de toutes maul,
naises affecciōs et de toute amo² desordōnee et q̃ ie vo' puisse ēsuyr en
vraye frāchise et liberte de cue². Je tēseigne dit dieu le droit chemi a
ce q̃ mest aggreable et plaisāt. Pēse a tes pechez en grāt desplaisance
et douleur de cueur et ne te repute aulcune chose valoir po² tes bōnes
euures. Car ala vraye verite tu es pecheur et subiect et empesche a
plusieurs passions de toy tu tēs tousiours anyāt. Tu es de legier
abatu et vaincu: tantost tu te troubles et es hors dtō bō propos et
nas riēs dequoy ou pourquoy tu te dois glorifier. Car tu es encore
plus foible et enferme que tu ne pourroys comprēdre ou racōpter.
Et pourcechose que tu faces ne repute grande ou digne de louenge
Rien grant precieup merueilleup ou digne de reputaciō ne te doibt
sembler ou aloer et desirer si non ce qui est perdurable. La perdu,
rable verite est sauoir. Dieu te doit plaire sur toutes choses et ta
grant iniquite et mauluaistie tousiours ainsi desplaire. Tu ne dois
riē aussi tant doubter blasmer et fuyr comme tes pechez et vices les
quelz tu doibz plus craindre et te doiuēt plus grandemēt desplaire
que quelque dommaige terrien qui te peult aduenir. Aulcuns sont
qui ne cheminent pas cest adire ne viuent pas nectement ou simple
ment devant moy. Mais par vne maniere de curiosite et orgueil ou
arrogāce veullēt sauoir mes secretz et haultesses de dieu et de la di,
uinite comprendre et ne leur chault de leur sauluement. Et ceulp icy

soume effoyz cheēt et tōbēt en grāðes tēptaciōs et horibles pechez
car ie les laisse et leur resiste pᵘ leur grāt orgueil. Et pource tu dois
doubter les iugemēs ðe dieu et auoir paoᵘ ðe sō ire. car il est tout puyſ
sant et ne vueilles pas discuter euures telles. mais dois diligēmēt
enqrir tes iniqtez cōe en grans pechez tu as delinqui et ce q tu as ne
glige ou delaiſſe a faire ðe ses cōmāðemēs. Aucūs portēt et ōt leurðe
uociō en liures tāt seullemēt. Les autres en ymages les autres en
signes et figures par ðehors Les autres ont biē dieu en la bouche et
non pas au cueᵘ. mais les bōs sont illuminez ðentēðemēt et purgez
ð affectiō et ðesirent les ioyes parðurables ausqlz est grief ouyr par
ler ðes choses terriēnes. leᵘs necessitez corporelles prenēt biē eſchar
sement et en tristesse. Et ceulx ycy sentent et appercoiuēt ce q le saint
esperit leur inspire ðeðens et cōment il les enseigne a mespriser le mō
de et les choses terriennes et aymer les celestielles contempner le
monðe et ðesirer tenðre a dieu et iour et nuyt

Du merueilleup effect ðe lamour ðe dieu en nous.   .v. chappitre.

E vous loue et beneys sire pere ðes cieulp pere ðe noſtreſei
gneᵘ ihūcrist q voⁱ auez daigne estre souuenāt et remēbrāt ðe
moy poure. O pere ðe misericorðe et dieu ðe toute cōsolaciō ie vous
remercye et loue q moy meschāt et indigne ðe toute cōsolaciō mauez
voulu consoler et reconforter aulcuneffoiz en maintes manieres. Je
voⁱ loue et glorifie tousioᵘs auec voſtre benoist filz et le saint esperit
Or ðoncqs monseigneur mon dieu ma sainte amour quāt il vous
plaist ðe ðescēðre en mon cueur tout se resiouyst en moy. Voⁱ estez ma
gloire et lepaſtaciō ðe mon cueur vous estez mon esperāce et mon re
fuge en toutes mes tribulaciōs. Oyez car ie suis encores foible et
enferme et imparfait en verite. Pource mest il besoing que me recō
fortez et consolez souuēt. Et pource sire vous plaise moy visiter sou
uent et enseigner en sainte doctrine et discipline. Deliurez moy sire
ðe mes mauuaises passions et gueriſſez mon cueur ðe toutes affecti
ons desorðonnees affin que quant ie seray bien guary et purge ðe
ðens que ie puiſſe estre habile a vous amer fort en pacience fer
me estable en perseuerance.   Cest grant chose que auoir. cest vng
grant bien qui seulfait toute charge legiere et chose de semblables
pareilles.   Elle fait porter grant charge sans aulcune greuance

et adoulcir choses ameres et les fait treffauoures. la parfaite amo^r
de ihūcrift fait ētreprēdre grās euures et epite a dsirer touslo^rs pl⁹
grāt perfectiō. Amour tend tousiours en haulc et ne veult point estre
retenue en petites et baffes choses. amour veult estre frāche et de
hors dēpeschemt et q̃l ne souftiēgne q̃lq̃ implicatiō terriēne et q̃ po^r
q̃lque proffit tēporel ou pour dōmaige ne soit vaincu. Il nya en ciel
ne en terre riēs plus doulp q̃ amour Riens pluffort riēs pl⁹ large
riēs pl⁹ ioyeulp riēs meilleur. Car amour est de dieu et ne peult re
poser en quelq̃ chose cree fors en dieu. Vng vray amāt vole court
il est ioyeulp frāc de nulle chose nest ēpesche. il dōne tout et peult tout
il a toutes choses. Car il na repos fors en vng seul souuerain biē
auquel tout biē viēt et dscend. ilne regarde point aup dōs mais
au dōneur se cōuertift. Car il luy est sur toutes choses doulp. amo^r
na point souuētesfoiz maniere mais oultre mesure est enflammee.
Amour ne sent point charge et ne refuse quelq̃ labour. Amour en
treprent plus quelle ne peult et ne se epcuse point dimpossibilite car
elle cuyde toutes choses luy estre licites et possibles. Et adonc
ques il vault a toutes choses et acōplist plufieurs choses et mece
a effect plus que vng qui nayme pas ne pourroit faire mais il faul
droit. Amour tousiours veille et endormant ne sōmeille point. Tra
uailler nest pas las restraint nest pas lie: espouente ne se trouble
point. Mais cōme vne viue flamme et lumiere aidant se eslicue en
haulc et passe partout seurement et franchemēt. Celluy qui ayme
congnoist ceste parolle. Grant cry es oreilles de noftreseigneur est
laffection de celluy qui peult vrayement dire. Mon dieu mon amour
vous estes tout a moy ie fuys tout voftre. Dilatez moy sire en ce
fte amour q̃ iaprēn a gouter au parfond du cueur. Quāt doulce cho
se cest amer et fondre tout en amour et luy vacquer ou entendre.
Faictes moy sire atacher a vous par les cloup damour et esleuez
deffus moy par grant feruent et admiration de voftre amour et que
puiffe chāter cest adire sentir et acōplir en moy la chācon damours
Iensuyuray mon amy quelque part quil aille et que mō ame dffail
le en voftre louenge cest adire en paradis car ne peult acomplir en
cefte vie ce que voftre louenge dsire ne fa ioye que a au cueur par
voip epprimer ne declarer. Sire que ie vous ayme plus que moy

et que ie ne me ayme que pour lamour de vous et que iayme en vous
tous ceulp qui vrayement vous ayment ainsi comme veult et commã
de la loy damour qui de vous et en vous reluyt.   Vraye amour
est legiere cest adire preste et appareillee a faire les comandemes de
son amy nect precieulp maıs est ioyeulp plaisant fort pacient loyal
prudent soganime Cest a dire de grãt couraige et qui ne fault pas
de legier. Puyssant et q iamaıs ne quiert son proffit maıs de sõ amy
ou des autres pour lamour de luy. Car la ou aulcun quiert et demã/
de son proffit et son gaing la fault il de vray amour. Amour est circõ
spect cest adire bien aduise et qui ne fait pas ses euures a la volee.
Humble et droit. non pas mol ou lasche. non pas legier ou hatif
non pas ententif en vanitez. Sobre: caste: stable et ferme et qui ne
se change pas legierement. paisible et en tous sens bien ordonne.
Amour est subiect et obeissant a ses prelatz et maiours. Vil a soy
et desprise: doubt en dieu et gratif cest adire regraciant dieu ayãt touſ/
iours fiance en luy mesmement quant il uy sent point de doulceur ou
saueur car iamaıs on ne vit amour sans doulceur. celluy nest pas di
gne destre appelle vray amant qui nest appareille de tout souffrir pour
son amy et destre tout prest a sa voulente. Car il conuient quil porte
et soustiengne toutes choses dures et aspres pour son amy ne pour
quelque contrariete qui luy aduiegne il ne se desparte de luy.

De la probacion du vray amy.   vi. chappitre.

Tu dois sauoir que nes pas encores fort ne prudent amy.
      Cest adire que tu naymes pas encores fort ne sagement.
Et se tu demandes pourquoy Cest pource que pour vne petite cõ/
trariete ou aduersite qui te vient tu faulp et laisses tes bons com/
mencemens Cest adire le bon propos que tu auoyes en commence
et quiers trop fort tes consolacions. Vng fort amy cest adire qui
ayme fort resiste aup temptacions et ne croit pas aup persuasions
que luy fait lennemy denfer. Ainsi que tu plais a dieu es prospe/
ritez et consolacions ainsi ne luy desplais tu pas en aduersite cest
adire que aussi comme tu cuydes estre en son amour quant il ten/
uoye consolacion ou prosperite. Ainsi ne dois tu pas pẽser quil soit

courrouce côtre toy quât il te seuffre venir têptaciõ ou aduersite. Vng
prudent et sage amy ne côsidere pas tât le don de son amy côe lamoᵕ
et laffection dicelluy. Il regarde plus laffection que la grandeur du
don et prise plᵘ soy amy que toutes choses quil pourroit desirer sans
luy. Vng noble cueur amât ne sarreste pas au dõ: mais en dieu sur
tous ses dons. Tu ne dois pas cuider que ce soit toute chose perdue
se aucunesfoiz tu sens maint bien de dieu ou de ses saintz q̃ tu ne voul
droyes. Car celle affection bonne et doulce q̃ tu recoys aucunesfois
est leffect de la grace que presentemêt te visite en ceste doulceur ou fa
ueur. On ne si doit pas trop appuyer ou fyer. car elle va et vient et
est vne pregutacion de la gloire de paradis laquelle dieu tenuoye poᵘ
toy attraire a ton appetit et affection aguyser et enflammer a ycelle:
Mais resister et côbatre les mauluaises passions et mouuemês de
ton cueur et debouter les sagestiõs de lennemy est signe de grant ver
tu et occasion de grât merite et loyer de dieu. Ne soyes dôcques pas
trouble par fantasies estranges de quelque maniere que ce soit et
perseuere fort a ton bon propos et entenciõ que tu auras eue de dieu
Et ne cuide pas que ce soit illusion de lennemy ce que aulcunesfoyz
tu as vne grande deuocion et eleuacion de cueur et doulceur de cueur
et puis apres tantost retournent les fantasies et euagacions de cueᵕ
qui te desplaisent Car puis que malgre toy et côtre voulente tu seuf
fres et portes plus mais que tu ne les tences et tant longuemêt cõ
me elle te desplaisent il nya point de pechie ou peril en toy. mais meri
te et loyer pour acquerir enuers dieu. Tu dois sauoir que tousiours
lennemy sesforce dempescher ton bon desir et propos et te oster de tou
te deuocion ou bonne epcercitacion cestassauoir de seruir et honnou⸗
rer les saintz et piteuse memoire ou remembrâce de ma passion de pê⸗
ser a tes pechez par doulceur ou repentance et garder soigneusemêt
ton cueur et de tenir ferme propos de proffiter en vertus. Il te sugge
re plusieurs mauluaises cogitacions de cueur affin que tu chees en
vng ennuy orreur et desplaisance de ainsi souuent changer ton estat
interiore que tu nayes deuocion en oraison et ne prêgnes en estudier
ou ouyr la sainte escripture que tu nayes voulente de toy confesser
humblement de te faire silpeult cesser ou retarder de la sainte cõmu⸗
nion. Mais ne le croy pas et ne te chaille iacoit ce que plusieursfoys
c iij

te mette au deuant telz empeschemens. repute quil fait tout cecy par
sa mauluaise voulente et par lenuye quil a de ton proffit. Et luy dy
Va ten meschant ort et deshonneste tu deusses auoir honte de mettre
a laudement tes gestes deshonestes mais en ce appert lordure et des
honnestete qui est en toy. Et pource Va ten et te despars car se dieu
plaist tu nauras point en moy de lieu ne de part mais ihesus qui sera
mon aide et confort et tu demourras confus Jauroye pluschier et
ameroye mieulx mourir et souffrir toutes les peynes du monde que
iamays me consente a toy. Vays toy et me laisse en paix ie ne vueil
plus te escouter iacoitce que tu tesforces de me troubler et molester.
mon dieu est ma lumiere qui puis ie doubter se encontre moy seslie
uent batailles mon cueur ne craint rien. dieu est mon saulueur et mo
redemteur. Cōbatz toy et resiste cōme bon et franc cheualier. Et se
aulcunesfoiz pour la fragilite de la chair tu es abatu relieue toy repre
force plus que deuant en ayāt fiance de la grace et misericorde de dieu
Et te garde fort de vaine plaisance en toy et orgueil. Car pource
plusieurs sont cheuz et tōbez en grans erreurs et menez en aueugle
mēs pres q̄ incurables Et le ruyne de ses orgueilleux et de ceulx qui
ont psume de eulx te doit estre a cautelle et perpetuelle huilite agarde

De occulter et mucer la grace que on a soubz la garde de humi
lite.   Vij.chappitre.

Eau silz il test plus proffitable chose de mucer et cacher
la grace de deuocion ou aultres se tu les as que de les vou
loir mōstrer par dehors et ne vueilles pas souuēt en par
ler ou en tenir grant compte en toy et les peser et a preci
er Mais tu te dois dispreser et doubter quelle ne te soit donnee cōme
a indigne. On ne se doit pas trop fort et ardamment afficher ou ap
puyer et arrester a ceste affectiō qui tātost peult estre chāgee et muee
au contraire. Quant tu es en celle grace ou estat q̄ tu as: pense quel
tu es quant tu ne las pas ou quelle test ostee. Car le proffit et meri
te de la vie espirituelle nest pas tant seullement en la grace de deuo
cion ou de consolacion espirituelle. Mais quant on porte paciemmēt
et humblement La suftraction dicelle est que lors on nest pas plus

lasche ou paresseup a oraison et que tu ne te laisse pas cheoir ou tõ/
ber en negligẽce de faire les aultres bonnes euures que on a acou
stume de faire et que tu faces tousiours voulẽtiers ce qui est en toy
ainsi que mieulp tu pourras et congnoistras estre plaisant a dieu et
que pour quelque arriuete ou durte que tu sens ẽ ton cueur tu ne te
negliges mais mectz peyne de toy releuer. Ilz sont plusieurs les/
quelz quãt ilz se sentent en deuocio ou quilz se sentẽt en durte de cueͤ
ou euagacion et quilz ne la pouẽt rebouter cõe ilz vouldroiẽt ou q̃lz
ont aulcune temptacion ou tribulacion ou espirituelle ou corporelle
tantost sont impaciens et deuiennent tous lasches et negligens de
bien faire et se tournent a trouuer aulcunes consolaciõs epterieres
et ceulp cy se decopuent moult. Car il nest pas en la puissance dune
persõne dauoir ceste grace quãt il vouldra. Mais cest la grace de dieu
qui la donne quant il luy plaist et tant et aussi lõguement quil luy
plaist et non plus et de murmurer quant il ne la donne pas est mal
fait. Car on doit sauoir quil ne le fait pas sans bonne cause et
iuste raison. Aulcuns sont este que quant ilz ont eue ceste grace
nont pas este bien sages ne bien conseilles a en bien vser et sage/
ment. Mais ont voulu plus faire et entreprendre quilz ne pouoyẽt
soustenir ne porter. Et ont plus voulu ensuyr leurs affections et
leurs propre sens ou voulentez que le iugement de raison. Et car
ceulp ycy ont trop presume et voulu faire plus quilz ne pouoyent
et aulcunesfoyz que dieu nostreseigneur ne vouloit qui selon son bon
plaisir et voulente donne ceste grace. dieu les a tantost laisse cheoir et
ont perdu ceste grace et se sont trouues poures et meschans de lais/
ser perdre la grace de nostreseigneur qui ia cuydoient estre colloquez
au ciel. Et ce dieu fait affin que eulp ainsi humides et pourrys
appreignent a ne voler pas de leurs esles Cest adire ne se attribu/
ent pas leurs dons et graces. Mais se treuuent fort humblement
soubz la grace de dieu nostreseigneur ihesucrist et a ycelle attribuent
tout leur bien. Ceulp qui sont encores nouueaulp et non pas
encores bien enseignez en la voye et au chemin de nostreseigneur ihũ
crist silz ne se gouuernẽt par le conseil de leurs anciens lesquelz ilz
doiuent reputer plus sages et discretz que eulp legierement sont de/
ceuz et vaincus de lenemy. Car silz voulsent plus croire leur propre

voulente et sens q̃ le conseil des aultres a grãt peyne viendrõt ilz a
bonne fin silz ne se retrayent de leurs bonnes voulētez et croyent cõ
seil. Car cest signe dorgueil et quilz se reputent saiges et a grãt pey
ne peuēt sauoir et estre moins saiges en humilite que auoir grãt sēs
et science en orgueil et vaine complaisance de soy Il te vault mieulx
moins auoir et estre humble q̃ auoir grans richesses et orgueilleux
¶ Celluy nest pas biē saige qui se habãdõne tellemēt a ioye et lyesse
exterioze et ne luy souuiēt de sa pourete passee de la crainte de dieu qui
ne doubte perdre celle grace q̃ luy est dõnee. Et aussi celluy nest pas
biē vertucux qui en tēps dauersite ou quil a quelque tribulaciõ de se
desesperer et na pas grant fiance en dieu et pense a sa pitie et misericorde moins quil ne deburoit Celluy qui est en tēps de paix et de pro
sperite est trop asseure et trop hardy au tēps de guerre et dauersite et
trop paoureux et couard et tost abatu. Se tu te sauoys tousiours
tenir hūble et pou sētir de toy cest adire de ta force et puissãce et te gou
uerner discretemēt en ceste grace tu ne charroys pas si tost ne si sou
uēt en peril et offēce. Se test bon cõseil q̃ quãt tu auras receue ceste
grace et ferueur de deuociõ q̃ tu penses quel tu seras quãt elle te sera
ostee. Et de rechief quãt elle te sera ostee et substraicte pour tõ proffit et lõneur de toy et sa gloire la te peult redõner quãt luy plaira et cõ
gnoistras q̃ ce sera tõ proffit. Et telle probaciõ ou variaciõ est plus
proffitable a la personne q̃ sil auoit tousiours prosperite a sa voulēte
¶ Car le proffit ou merite de la personne nest pas a estimer se il a souuent telles visitacions et consolacions espirituelles ou sil est grant
clerc selon le monde ou sil est grant en dignite et estat selõ le monde.
Mais sil est bien fonde en verite humilite et remply de vraye charite
et amour de dieu. Se aussi en toutes choses il quiert vrayemēt
lamour de dieu: et sil se desprise et repute rien estre et quil vueille
mieulx estre mesprise et humilie des aultres que honnore.

¶ De sa ville estimaciõ et mesprisement de soy mesmes deuant
dieu.　　viij. chappitre.

E parleray a mõ dieu et mõseignez iacoitce q̃ ie soye pouldre
et cendre. Se ie me repute et prise pl⁹ q̃ ie ne doy et que ie
ne vaulx. vous sire vo⁹ esleuez cõtre moy car vo⁹ resistez aux orgueilleux et mes iniq̃tez et pechez me cõdãpnēt et baille tesmoignaige au

que ie ne puys cõ:redire Mais se me desprise et ramene anyãt et q̃
toute propre reputaciõ faille en moy et me anichille ainsi cõe vraye/
mẽt ie ne suys ne vaulz riẽs Vostre grace sire me sera propice et vo/
stre lumiere sera pres de moy et toute propre estimaciõ tãt soit petite
en la cõsideraciõ de m a pourete et nichilite sera destruite et perdue per
petuellemẽt. En ceste cõsideraciõ sire me demõstrez voꝰ cleremẽt q̃ ie
suis et q̃ iay este et aquoy ie suis devenu par mõ peche. car ie suys
fait nyãt et ne lay pas cõgneu car sire se voꝰ me delaissez a moy cest
a dire a ma force cest moins q̃ nyãt. Cest toute pourete et ẽfermete:
mais quãt il voꝰ plaist a me regarder piteusemẽt tãtost ie suis et de
uiẽ fort et suis rẽply de nouuelle ioye. et sõt merueilles grãs cõme
soubdainemẽt ie subleue quãt voꝰ plaira a benignemẽt me souste
nir et ẽbrasser qui de ma propre nature et pesanteur tousioꝰs chey et
tõbe si ẽbas.mais lamour et grace de voꝰ qui sans mes merites et
dessertes me prennẽt et en tãt plusieurs me secourent et me gardẽt
de grãs et griefz perilz et adire escrite de innumerables maulx.et car
sire en me aymãt mauuaisemẽt ie me suis perdu premieremẽt de re/
chief en retournãt a vous et voꝰ desirãt seullemẽt et amãt puremẽt
et vous et moy ay trouue vostre amour detãt que en moy a este plꝰ
parfond et greigneur detant me suis plus a nichille en reputaciõ et
humilite. Car cecy sire mon tresdoulx et piteux seigneur faictes voꝰ
en moy et a moy seur et cõtre tout mõ merite et desserte et plus q̃ ie
noseroye esperer et vous requerir et prier. Benoist soyez voꝰ sire mõ
dieu et mõseigneur:car iacoit ce q̃ ne soye pas digne de quelque biẽ
auoir toutessoyz sire vostre noblesse et infinie bõte iamais ne cesse
de faire bien a ceulx mesmes qui sont ingratz enuers vous et mal
congnoissans de voz dons et benefices et qui sesloignent de vous
Et pource sire retournez nous et conuertissez a vous ad ce que noꝰ
vous rendons graces et mercys de voz dons et humilite et deuociõ
Car vous estes nostre salut nostre vertu et nostre force.

Comment nous deuõs tous noz biens attribuer et retourner
a dieu comme a nostre fin derniere Et est en la personne de dieu qui
parle a la personne.   ip.chappitre.

    Eau filz ie doy estre ta derniere esperance. Cest a dire
    poꝰ leq̃l seul dois faire tes bõnes euures et attendre de moy

seullemēt retribuciō. Se tu desire vrayemēt a estre benoist par ceste
entēcion cestassauoir dauoir tousiours lintēcion a moy et pour moy
ton affectiō sera purifiee et redressee car sa corruptiō est de soy ēcline
et tourne en bas et aup creatures Car se aulcūemēt en quelq̄ chose
te qers cest adire en quelq̄ bōne euure et entēdz auoir vaine gloire
ou louēge humaine tātost tu faukdras et sec cest a dire sans retribu
ciō de dieu. Et psource attribue moy to°tes biēs car ie suys seul q̄ les
tay dōnez et tu dois sauoir q̄ tous biens viēnent et descendēt du biē
souuerain qui ie suys. Et pource a moy cōme a la fontaine de naissā
ce de to°biēs tout biē doit estre rapporte de moy petis et grās poures
et riches prennēt et ont leurs biens cōe on puyse de la fontayne viue
et courāt Et ceulp qui franchemēt me seruēt et cōgnoissent biē ceulp
cy receuront grace pour grace Cest adire silz vsent biē de la premiere
grace que ie leur dōne cestassauoir de la bōne voulente et propos ou
aultres bōnes euures et quilz mē remercyēt et ne sen orgueillēt pas
ilz desseruirōt auoir les aultres graces apres ensuyuāt. Mais ceulp
qui sans moy se vouldrōt glorifier et eulp deliter en leur priue et pro/
pre bien ne seront point affermez en vraye ioye ne en leurs cueurs di/
latez en bien. mais auront plusieurs empeschemens et angoisses.
Tu ne te dois doncques rien attribuer de bien ne quelque vertu a q̄l
que aultre personne. mais seullemēt a dieu sans lequel nul na quel
que bien. Jay tout donne et veulp tout rauoir cest adire que on le me
redonne et que on men rende tres estroitement graces et mercys.
Cest ycy la vraye verite par laquelle est chasse hors orgueil et vai/
ne gloire. E si ceste grace celestielle est en tō cueur et la verite charite
de dieu lors ny entrera point enuie ne contradicion ou murmuracion
ne priue amour a soy Car la charite et amour de dieu vainct et sur/
monte tout et dilate toutes les vertus a lame. Se tu es saige et
congnois bien cecy tu tesioiras seullement de moy et en moy. Et en
moy auras et mettras ton esperance Car nul nest bon fors moy
seul que on doit loer et beneyr sur toutes choses.
 Que cest dure chose de mespriser le monde et seruir seullement a
dieu. p. chappitre.
 Aintenāt ie parleray et ne me tairay pas Je parleray deuāt
mō dieu et mōseigne° et mō roy q̄ est es cieulp. O sire cōme

grãde est la multitude de la doulceur ḡ vo' auez mucee po' ceulp ḡ vo'
craingnẽt et doubtẽt mais ḡ sera cy a ceulp ḡ vo' aymẽt et a ceulp ḡ
de tout le' cue' vo' seruẽt Vrayemẽt on ne pourroit racõpter ne pẽser
la grãde doulce' de voftre cõteplaciõ ḡ vo' dõnez a ceulp ḡvo' ayment
et en ce mefmemẽt en moy auezvo' demõftre voftre grãde bõte et doul
ceur qui mauez fait ḡ neftoye riens Et apres quãt iay erre et efte ef
loigne de vous vous mauez ramene et raprouche et voulu ḡ ie vo'
seruiffe et mauez cõmãde ḡ ie vous ayme. O fõtaine de perpetuelle
amour ḡ diray ie de vous cõe vous pourray ie oublier ḡ auez daigne
auoir remẽbrance de moy mefmemẽt apres ce ḡ ie vous ay laiffe et
me suis perdu par mon pche. Vous auez fait a voftre pourte hors de
toute efperãce mifericorde et cõtre toute defferte et merite luy auez dõ
ne grace et demõftre amitie. Et ḡ vous puiffe ie fire rẽdre pour cefte
grace. Vous nauez pas fait a tous cefte grace ḡ ilz renõcent a tout ce
mõde et quilz prẽnent vie monaftique ou de religiõ. Quãt grande
chofe eft ce fire fe ie vous fers a qui toute creature fert il ne me fẽble
pas grant chofe fe ie vous fers. mais fe me femble grant merueille
fe vous auez daigne et vo' a pleu vne fi pourte et fi mefchãte et indi
gne creature appeller et recepuoir a voftre feruice et affembler auec
ques voz feruiteurs. Helas fire tout quãt ḡ iay eft voftre carie nay
rien ḡ ne mayez dõne et de quoy dõcḡs vous puis feruir Et toutef
foyz encore par le cõtraire vous me feruez plus et mieulp ḡ ie nevo'
fers. Vees cy le ciel et la terre ḡ vous auez creez pour le feruice de õ
me font tous preftz et appareillez et font continuellemẽt ce quevous
leur auez ordõne. et ẽcores eft pou de chofe quãt mefmes les benoitz
angelz de paradis auez vous ordonnez pour le feruice de lomme.
Mais encores y a qui paffe tout quant vous mefmes lauez daigne
feruir et a la fin vous vous prometez donner a luy. Et que vous
puis ie dõcques dõner pour tous ces grãs et innumerables biẽs
fors vous feruir tous les iours de ma vie mais ie voul droye biẽ ḡ
en toute ma vie vng iour vo' puiffe faire aucũ feruice digne. Vraye
ment fire vous eftez de tout feruice digne et de tout hõneur et louẽge
perpetuelle Vrayement vous eftez mon dieu et monfeigneur et ie
fuys voftre pourte ferf qui fuis tenu de vous feruir fans ceffer de tou
te ma force et de tant que iay ne iamays ne doy eftre fans louenge

et seruice. Et pource Souldroye ie le faire et le desirer. Cest de moy ne
suys pas suffisant plaise Sous a supplier mõ imperfectiõ. Car grãt
hõneur et grãt gloire de Sous seruir sire et mespriser tout pͬ lamoͬ de
Sͦ. Et ceulp quile peuent faire auront gloire et grace enuers Sͦ.
Ceuly q̃ de leur bon gre se submetrõt a Softre saint seruice trouuerõt
grãde et doulce cõsolaciõ en leur esperit se pour lamour de Sͦ de laissēt
toute delectacion et plaisance chernelle. Ceulp qui pͬ Softre nõ et
Softre amour predrõt lestroit chemin et despriserõt toute cure et solitu
de mõdaine serõt en grãt franchise et liberte. O hõnorable et ioyeu
se seruitude de dieu par laqlle lõme est Srayemēt afrãchi et sanctifie
O saint et sacre estat la seruitude de religiõ en laquelle lõme est resti
tue esgal et pareil es angelz appaise a dieu terrible aup ennemys et
honnore entre tous crestiens. O que on doit amer ce seruice par le/
quel le souuerain bien on acquiert et la ioye qui iamais ne fine.

Que on doit epaminer tresbiē ses desirs et Soulētez et attrēper.
Et est en la personne de dieu qui parle et enseigne sõ amy. pi. chap.

Eau filz il te fault et cõuient plusieurs choses apprendre q̃
tu ne scez pas encores bien. Et se tu Seulp sauoir quelles el
ses sont. Cest que tu submectes tes propres desirs et tõ propre sēs
a mon plaisir en toutes choses et q̃ tu nayes point de propre amour
en toy. Mais acomplis ma Soulente diligemment tu as plusieurs
desirs et Soulentez qui te enflamment et fort attropent a quelque cho
se faire. Mais considere se en iceulp tu as principale entenciõ a
lonneur de moy ou a ton propre et singulier proffit et honneur. Se
ie suys principale cause cest a dire que pour lamour de moy principal
lement tu fais ce que tu fais tu seras content de ce que ie ordonne/
ray. Mais se tu qniers en ceste gloire et souenge tu seras tantost
courouce et impacient se tu ne le peuz acomplir. et cest ce qui tempes/
che et trouble bien souuent. Et pource garde toy tresbien que tu
ne soyes trop afferme a ton oppinion de faire et acomplir ta Soulen/
te suppose que le desir te semble tresbon et pren le conseil de moy ou
daultruy qui a ce se cõgnoistra et par espicial de tes souuerains se tu
es en religion. car par auenture tu ten pourroys repētir apres ou te
pourroit desplaire ce que par auant te plaisoit et te sembloit bon et
laisseroys tout et seroit Sne hõte pour toy Car aulcuesfoiz nest pas

besoing ne expedient dacoplir toutes bõnes volentez ne le cõtraire de
to'pointz de bouter. Il est expediẽt daulcũ effoiz restraindre et resie
ner ses desirs suppose mesmes qlz soyẽt bõs car trop grãt importuni
te dacomplir sa voulente est cause de distraction de cueur et de donner
esclãdre a aultruy et de troubler soy mesmes et faire tomber en aulcũ
inconuenient. Et pource il fault faire violence aulcunesfoiz et fort re
sister a son appetit et ne prendre pas garde ad ce que la chair veult
ou refuse. Mais soy efforcer quelle soit tousiours subiecte a dieu et
a raison. Et pource on doit chastier longuement et faire subiecte et
obeissant alame iusques a tant quelle soit appareillee a toutes les
choses que lesperit commandera selon dieu et raison et quelle apprẽ
gne destre contente de peu et non pas desirer superssuite mais soy de
licter en simplesse et chose de peu de valeur et ne murmurer point en
quelque contrariete qui luy aduiengne.

De soy acoustumer a pacience et a cõbatre contre ses concupi/
scences maulnaises. Et parle lõme a dieu.   pij. chappitre.

On dieu et monseigneur ie voy et apparcoy que paciẽ
ce mest tresnecessaire. car plusieurs choses cõtraires me
pruent aduenir en ce monde et en quelque maniere que
ie ordõne de ma paix cest a dire que ie me dispose a auoir
paix ma vie estre sans bataille et peyne et douleur. Dieu respond.
Ainsi est il beaufilz. mais ie ne vueil pas que tu cuydes auoir telle
paix qui soit sans temptacions et contradictions: mais lors pense
que tu auras et seras en plusgrant paix et plustost la trouueras
quant tu seras epcercite en plusieurs tribulacions et prouue par plu
sieurs contradictiõs. Et se tu respons que tu ne pourroyes tant de
choses souffrir et soustenir pensee doncques comment tu pourrois
souffrir le feu denfer ou de purgatoire. De deup maulp on doit sou
ir le plusgrant. Car il fault souffrir en ce monde ou en lautre. Et
pource affin que tu puisses euiter les perdurables tourmens de lau/
tre monde mecte peyne de souffrir les maulp et peynes de cestuy cy.
Penses tu ou cuydes que les gens du monde ou seculiers ou aul
tres soyent sans peyne et douleur en ce mõde. tu ne trouueras nulz

iacoit ce quilz soyent grans maistres ou riches. Mais pource quilz
ont plusieurs plaisirs en ce monde en ensuyuant leurs delectacions
et concupiscences ilz ne pensent pas ou sentent les maulx et peynes
quilz seuffrent. Mais or prenons quil soit ainsi quilz eussent tous
leurs plaisirs sans tribulacion. et peyne combien leur durera cecy.
Tantost come vng peu de fumee esuanoyront leurs richesses et eulx
aussi et ne sera aulcun memoire ou recordacion de leurs ioyes et plai
sances iacoit ce q eulx mesmes tant come viuent ne sont pas ou ne
reposent pas en paix: mais ont plusieurs gras amertumes et cue²
ennuys et angoisses et de celles mesmes choses dont ilz ont leurs
ioyes et plaisirs retournent plusieursfoiz douleurs et tristesses et ce
se fait par le iuste iugement de dieu. Car pource quilz quierent desor
donnement leurs plaisirs et concupiscences ilz ne les pruet acomplir
sans grande confusion de peyne et de douleur. Et iacoit ce q leurs
plaisirs et delectacions soyent briefues faulces et deshonnestes tou
teffoiz par ebriete et aueuglement de leur cueur ne se congnoissent ilz
point. Mais comme vne beste brute et sans raison et entendement
pour vng petit de ceste vie corruptible et transitoire font la dampnacion
de leur ame. Et pource beaufilz nensuys pas tes plaisirs et concupi/
scences charnestes et te separe de ta propre voulente. Dilate toy en
dieu: cest adire pren ton plaisir a seruir dieu et garde ses commande
mens et il te donnera les peticions de ton cueur. Et certainement se
tu veulx auoir delectacion en moy et reconfort tu la trouueras en mes/
prisant toutes choses mondaines et en ostat de toy toutes delectacios
terriennes et tu en recepuras ta benediction et consolacion habondant
Et detant plus que tu te separeras et soustrairas de consolacion de
quelque creature de tant trouueras tu en moy plus gras douleurs
et plus grandes consolacions combien que tu dois sauoir que au
commencement tu y trouueras grant peyne et grade tristesse et aussi
grant labeur en cest assault et en ceste bataille po² la mauluaise acou
stumace qui estoit en toy ia tournee come en nature. Pource il fault
quelle soit surmontee et tournee en nouuelle et bonne coustume. Ta
chair et charnallite murmurera cest a dire resoingnera a changer sa
vie: mais par ferue² et amo² de dieu sera legieremet vaincue. Lenemy
tassaulora et teptera mais par deuote oraiso sera enchasse et par bo/

ne eptercitacion et occupacion en labour proffitable luy sera empes/
chee lentree en toy et en ton cueur.

De lumble obeissance du subiect alepemple de ihesucrist. piij.
chappitre.

Elluy qui sefforce de soy soustraire et oster de obeissance
se souftrait aussi de grace. Et qui quiert et demande pri
uees et parcialles a soy doit perdre les communes. Cel
luy qui ne se submiect pas voulentiers et de son bon gre
a son souuerain cest signe que la chair ne luy est pas encores parfai
ctement subiecte et obeissant: mais quil y a plusieurs rebellions et plu
sieurs mouuemens desordonnez. Et pource se tu veulp ta chair cest
a dire tes chernelles concupiscences et desirs parfaictement mortifi
er ou surmonter a present te couient submectre legierement a ton sou
uerain. Car qui sera celluy qui pourra bien vaincre ses aduersaires
estranges se premierement il ne peult surmonter ceulp de deuis luy
et priuez. Tu nas point de plus peristeup et mauluais ennemy que
toy mesmes se tu nez dacord a ton esperit. Il conuient doncques q̃
de tous pointz tu te mesprises et condempnes se tu veulp auoir for/
ce contre toy et ne seuffre point que orgueil ait dominacion en toy.
Mais submectz toy et say sy petit que chascun puisse sur toy mar/
cher et fouler comme sur la boe des chemins et voyez. O homme
vain et vuid de tout bien de quoy te peulz tu complaindre que peuz
tu contredire ort et vilain pecheur a ceulp qui te font ou te disent au
cun reproche toy dy ie qui tant de foiz as courrouce dieu et tãt de foiz
desseruy enfer. Mais ie tay piteusement et paisiblement espargue.
Car iay eue ton ame chiere et precieuse affin que tu congneusses et
apparceusses lamour que iay en toy et que ne fusses pas ingrat de
mes benefices et mescongnoissant et que tu te habandonnasses a
vraye humilite et subiection tousiours et portasses paciemmẽt se on
te contempnoit ou mesprisoit.

Des aultuns secretz iugemens de dieu lesquelz on doit conside
rer ad ce que on ne sen orgueillisse pas de ses biens et dons. Et est

On dieu monseigneur le tonnerre de voz secretz mespou
ente et mes os et tout quant qui est en moy se fremist et
esmeut et mon ame est tresesbahye. Je suis tout espou
ente quant ie considere que les cieulp ne sont pas nectz
ou sans tache deuant vostre face et regard. Se es angelz auez trou
ue iniquite et peche et vous ne les auez pas espargnez que les ayez
tantost pugniz et sans misericorde quelle chose sera fait de moy.
Les estoilles sont tombees du ciel Et ie qui suis cendre et vuldre
coment me oze ie enorgueillir et presumer de moy. Aucus qui estoiet
se sembloit a loer et faisoyet gräs merueilles sont cheuz et tobez en
terre cest adire sont retournez en peche et si mengeoyent le pain des
angelz. depuis se sont delictez a la viande des porceaulp. Jl ny a dóc
ques point de seurte en quelque sainctete de quelque creature estant
en ceste presente vie. Se vous sire soustrayez vostre main cest a di
re vostre grace rien ne proffite sapience mondaine se vous ne la gou
uernez. Rien ne vault force humaine se vous ne la soustienez. En
chastete na point de seurte se vous ne la deffendez. Rien ne proffite
garde ou industrie propre se vostre sainte grace et conseil nest present
Car se vous nous laissez a nous tantost sommes come surmótez
et perissons. Mais par vostre benigne grace et visitacion sommes
releuez et viuifiez et nest pas merueille. car de nous sommes insta
bles et foibles. mais par vous sommes confortez et fortifiez. Par
nous sommes tepides et remys. mais par vous enflammez et em
brassez en bien. O come ie doy de moy sentir humblement et come ie
ne doy rien priser ce quil semble estre de bien en moy. O comme ie ne
doy pas parfondement submectre a voz inestimables iugemens sire
quant ie ne treuue en moy chose qui doye estre repute q rien et moins
que rien. O grant charge:o mer intransmatable cest adire ou nul ne
se doit auenturer de y nager de voz iugemés merueilleup quät a moy
ie ne treuue rien et moins que rien. Ou sera dócques la presumptió
de gloire. Ou sera la confiance de toute vertu q personne ait. Toute
gloriació vaine est ycy dechassee et anullee en ceste parfondite de voz
iugemés sur moy Quelle chose est toute creature humaine deuät vo

Se pourra glorifier la terre deuant le potier qui la tient en sa main
Cestuy de qui le cueur est vrayement subiect a dieu comme se pour/
ra il esseuer en vantance se tout le monde lepaulcoit. Sil est en escri/
te humble il nen tiendra compte. Et sil a vraye confiance en dieu
toutes les louenges du monde ne le feront pas esmouuoir de son estat
Car ceulx mesmes qui par leurs parolles le louent fauldront auec
ques toutes leurs parolles Mais la escrite de dieu sera et demourra
tousiours.

    Comment on se doit confermer et raporter a la voulente et au plai
sir de dieu en tous ses desirs.   pv. chappitre.

    A toutes choses que tu desires tu dois ainsi dire a dieu
Monseigneur mon dieu si vous plaist et est voftre voul/
lente soit telle chose faicte. Sire se telle chose estoit a vo
stre honneur ie vouldroye quelle fust faicte en voftre nom.
Sire se vous voyez que telle chose me fust expediente et prouffita
ble plaise vous la moy donner a voftre honneur. Mais se vous sa/
uez quelle soit a mon dommaige especiallement contre le sauluemet
de mon ame vueillez moy oster le desir que ien ay. Car nous deuons
sauoir que tout desir nest pas de dieu ne du saint esperit suppose quil
nous semble quil soit bon et prouffitable a nos. Cest difficille chose
de vrayement iuger se le desir vient de dieu et du saint esperit ou de len
nemy ou de ta propre voulente ou ymaginacion qui ad ce te induit et
trait. Car plusieurs ont este finablement deceuz en ce quil leur sembloit
quilz auoyent bien commence et de bon desir. Et pource on doit tous/
iours desirer en peur en crainte et en humilite et requerir ou deman/
der a dieu quil vueille le desir ordonner a son honneur et donner gra/
ce de faire tousiours son plaisir et voulente et sen raporter et comet/
tre de tous pointz a luy et luy dire. Sire vous sauez lequel mest meil
leur et plus proffitable. et pource soit tout fait a voftre voulente.
Donnez moy ce quil vous plaira et tant comme il vous plaira.
Faictes a moy et de moy comme vous sauez quil mest besoing et ne
cessaire et aussi comme il vous plaira et que en toutes choses ie soye
auecques vous et aussi que vous soyez auecques moy. Plai/
se vous de voftre benigne grace que ie soye en voftre main et prote/

ction en tout et par tout.   Plaise Vous que ie soye Vostre humble
et petit seruiteur appareille a toutes choses et que ie ne desire point
que Viure a Vous et de Vous et Vostre honneur et Bon plaisir faire
et acomplir parfaictement et diligemment.

Oraison pour impetrer grace a dieu de faire et acôplir tousiours
le sien plaisir et Voulente.

Benoist et begnin ihesus donnez moy Vostre grace qui
soit tousiours auecqs moy en mes labours et euures
et perseuerammêt iusques a la fin.   Donnez moy sire
tousiours couraige de desirer et Vouloir ce qui Vous est
plus aggreable et plus chier a Vostre plaisir.   Vostre Voulête soit
la mienne et que ma Voulête ensuyue tousiours la Vostre et en tout
saccorde a la Vostre.   Plaise Vous que ie ne Vueille ou refuse aul/
tre chose que Vous et que ie ne puisse aultre chose Vouloir ou nô Vou
loir fors ce que Vouldrez ou non Vouldrez. Donnez moy mourir au
monde et a toutes les choses qui y sont et pour lamour de Vo Vou
loir estre mesprise et mescongneu en ce siecle.   Dônez moy desir da/
uoir en Vous seullement repos et que mô cueur aye paix: des cueurs
Vous estes leur seul repos.   Et hors de Vous toutes choses sont
dures et aspres et sans nul repos.   En ceste paix qui est tousiours
tout Vng et sans mutacion. En Vous seul et sonuerain biê et par/
durable puisse ie men dormir et reposer.   Amen.

Que on doit querir seullement sa consolaciô en dieu. pVi. chap

A ne doit point querir sa consolacion en ce môde ou pen/
ser que on luy puisse parfaictement auoir. Mais tout ce
que on peult desirer ou penser pour auoir parfaicte ioye et
côsolaciô on doit entendre a auoir et recepuoir en lautre
monde. Et suppose que peusse auoir toutes les consolaciôs de ce mô
de tout seul et Vser de tous les delices qui y sont encore est ce peu de
chose au regard de lautre monde et moins que nyant. et daultre part
encores ne peuent elles pas longuement durer. Et pource mô ame

tu ne peulz auoir p̃ pleyne cõsolacion ne parfaicte ioye fors en dieu cõ/
solateur des poures et recõforteur des humbles. Si dois paciẽmẽt
vng peu attendre tant comme luy plaira que soyes en ce monde cy et
attendre la retribuciõ de la promesse diuine et apres tu auras au ciel
habondance de tous biens Se tu desires et cõuoites trop desordõ
neementles biens presens de ce monde tu perdras les pardurables
et celestielz. Si dois prendre des bieus de ce monde sobrement tãt
comme est besoing pour ton vsaige tant seullemẽt et desirer les biẽs
pardurables. Tu ne peulz estre saoule des biẽs de ce mõde iusques
a ton desir. car tu nez pas cree a y auoir ta felicite et beatitude. Et
ce mesmement tu auoys tout seul tous les biens de ce monde pource
ne seroys tu pas saint ou benoist ou ton desir acomply. Car seulle/
ment en la duision de dieu est constituee nostre felicite et beatitude nõ
pas telle cõme les sotz mõdains loent et demãdẽt en ce mõde. Mais
telle comme les bons crestiens attendent et esperent auoir en laul/
tre monde et la goustent ou assayent aulcunement et aucunesfoiz
en ce monde les espirituelz et qui sont nectz de cueur desquelz la con/
uersacion est es cieulx saine et briefue et la cõsolacion humaine en
ce monde mais celle est vraye qui est receue dedens le cueur de dieu.
La deuote personne porte et a tousiours auecques soy son reconfort
et cõsolacion en ihesucrist etluy dit au cueur par desir. Soyes moy
present en tout lieu et tẽps mõ doulx seigneʼ ihesus et q̃ ce me soit cõ
solaciõ et reconfort vouloir pour lamour de vous nõ auoir quelque
consolaciõ ou reconfort mondain. Et se mesmes ie nay pas la vo
stre que iaye pacience et que vostre voulente et probaciõ soit ma con
solaciõ et reconfort souuerain. Car vostre ire et pugniciõ ne dure
pas tousiours mais apres reconfortez et retribuez tresgrandemẽt.

Que on doit mettre et constituer tout son soing et son cueur en
dieu et est cõment en la personne de dieu qui enseigne son loyal et bõ
seruiteur.   pvij.chappitre.
Eau filz laisse moy faire en toy et de toy ce quil me plaira.
Car ie scay mieulx qui test expedient et besoing que tu ne
faiz. Tu es homme et pource comme homme tu penses et as af/
fections et desirs humains et te veulx selon tõ affection gouuerner.

Lame respond a dieu. Mon tresdoulx dieu et seigneur il est vray ce
que vous dictes vostre solitude et cure est plus grande sur moy et
plus proffitable que quelque diligence que ie puisse faire ne auoir
de moy. Trop pou stable et ferme est celluy qui ne mect sa cure garde
et confiance en vous: et se bien luy en vient cest aduenture. Faictes
de moy ce quil vous plaira tant seullement que ma voulente et enté
cion soit droite ferme et parmanant en vous. Je scay que quelque
chose que vous facez ou ordonnez de moy ne peult estre que bien se a
moy ne tient. Sil vous plaist que ie soye en tenebres de ignorance
ou de vostre grace benoist soyez vous. Sil vous plaist a me conso
ler et conforter benoist soyes vous. Et se de rechief vous plaist que
ie soye en tribulacion aussi benoist soyes vous. Dieu respond. Be
au filz ainsi conuient que tu soyes cest adire en ce propos en ceste vou
lente se tu veulx demourer auecques moy. Aussi appareille dois tu
estre a souffrir et porter tribulació cóme a auoir ioye et exultacion ou
prosperite. Aussi voulentiers dois tu porter et soustenir souffrete
et pourete cóme richesses et habondance de biens. Lame respond.
Mon treschier seigneur et dieu ie suis prest et appareille de porter et
souffrir quelque chose quil vous plaira menuoier. Sans nulle dif
ference ie vueil recepuoir de vostre main cest adire de vostre voulen
te bié et mal: doulceur et amertume: lyesse: tristesse: selon ce quil vous
plaira a le menuoyer et ie suis prest de vous remettre ce qui me aduié
dra. Plaise vous moy garder et deffédre de peche et ie ne doubteray
la mort ne enfer tát seullement ne me deboutes pas a tousioursmais
de vous et ne effaces pas mon nom du liure de vie et quelque tribu
lacion qui me puisse venir ne me peult nuyre.

Que on doit paciemment porter les tribulacions de ce monde a
lexemple de ihesucrist et est comme deuant en la personne de nostresei
gneur.   pviij. chappitre.

Beau filz ie suis descendu en terre pour ton sauluement
iay prins et receu en moy les enfermetez humaines nó
par necessite car ien en auoye point besoing. Mais par
pure charite et amour que iauoye a toy me trayát adce

et affin que tu apprinces a auoir pacience et souffrir et porter paciemment lesdictes miseres et enfermetez. Car depuis leure de ma nati-
uite iusques ad ce que ie rendy lesperit en la croix pour toy ne me fail-
lit tribulacion et aduersite et souffrance de douleur. Jay eu en ce monde deffault des viures et aultres biens temporelz. Jay ouy souuent
plusieurs grandes complaintes de moy et sans aulcune cause. Jay
soustenu paciemment et benignement reprouches iniures et villennies.   Jay receu pour les biens et benefices que iauoye faitz in-
gratitudes et maledictions pour miracles blasphemies. Et contre
ma doctrine reprehencions iniustes.   Comme respond.   Helas
sire dieu tout puissant se vous auez este ainsi pacient toute vostre vie
et en ce mesmement acomplissant le comandement de vostre benoist pere
Cest bien chose appartenant que ie tresmeschant et inutile pecheur
selon vostre bon plaisir et voulente seuffre et porte paciemment et benignement ce quil vous plaira et tant longuement que vous vouldrez le faiz et charge de ceste vie corruptible pour mon sauluement
soustenir.   Et suppose quelle soit charge grant et pesible toutesfoiz
par vostre grace est adoulcie et par voz epeples de voz glorieux saintz
ou poures crestiens plus honorable et proffitable est rendue: et mais
encore est plꝰ consolatiue q̃ nestoit iadis en la loy anciene quant la porte du ciel estoit encores close et le chemin daller en paradis estoit plꝰ
oscur. Et pource peu de ceulx qui pour lors estoyent mettoyent peyne
et diligence de y paruenir.   Et mais encores ceulx qui y mettoyent
peyne et diligence dy paruenir et qui estoyent bõs et iustes et esleux
de dieu nostreseigneur et qui deuoyent estre sauluez deuant vostre benoiste passion et deuant ce que par vostre sainte mort eussiez paye nostre debte ne pouoyent entrer au royaulme des cieulx. O cõme grãs
graces sire vous dois ie rendre qui mauez monstre et aux crestiens de
ce present temps si droit et abrege le chemin de paruenir a vostre pardurable royaulme se a nous il ne tient. Car vostre sainte vie est nostre droit chemin et en ensuyuãt vostre merueilleuse paciere noꝰ par-
uenons auous qui estes nostre couronne et nostre loyer. Helas et
se võne noꝰ eussiez precede et enseigne le chemin qui eust tenu cõpte
de y paruenir. Quãtz en eust il au iourduy qui fussẽt bien eslõgnez de
võ et demoures derriere silz neussẽt apperceu voz merueilleux epeples

Se encores mesmement en ce temps cy que nous voyons et cor/
gnoissons si grandes et belles epemples de voz saintz nous som/
mes tepides et remys et negligez que ferions nous si nous na/
uons si grant clerte et si grant lumiere sil nous demonstre la voye
et le chemin que nous deuons ensuyz.

De porter voulentiers iniures et comme on preuue le vray paci/
ent.   pip.chappitre.

Vest ce que tu dis beau filz.   Cesse de te complaindre
quant tu consideres la vie et la passion de moy et de mes
saintz.tu nas pas encores recite iusques au sang Cest
pou de chose que tu seuffres en comparacion de ceulp qui
ont tant souffert de maulp qui ont este fort temptez si griefuement tri
bulez en tant de choses prouuez et epercitez.   Et affin que tu seuf
fres plus paciemment et plus legierement si pou de chose qui te ad
uient il fault que tu penses aup plus griefues paines tribulacions
et douleurs que les aultres ont eu et souffert.   Et ce que tu as eu
et seuffres te semblera legier et pou de chose.   Voy et regarde que
ce ne soit ton impacience qui te fait ainsi foible.   Touteffoiz soyent
grans ou petis les maulp que tu seuffres mect peyne de les porter
moult paciemment. Car de tant que tu te disposes mieulp a souste
nir et souffrir paciemment de tant faiz tu plus sagement et de tant
desseros tu plus et gaignes enuers dieu et aprens aussi a les porter
plus paciemment et plus legierement par vsaige et par bon cueur
et par bonne voulente qui te font prest et appareille et te ostent petit
a petit ceste paresse et laschete que tu auoys par auant. Et ne doys
pas dire ne de cueur ne de bouche ie ne pourroye cecy soustenir ne
porter de cestuy homme cy. Telles choses ne sont pas a souffrir de
moy. Il ma fait tel et si grant dommaige. Il ma dit telle villennye
ou tel reproche que ie ne pensay oncques mais dung aultre ie porte/
ray bien non pas de cestuy cy et aussi ce que ie verray qui sera apor/
ter et a souffrir.   Telle pensee est sotte et ne vieut pas dhom/
me sage qui bien pense et considere la vertu de pacience ne de qui el/
le sera couronnee mais seullement regarde les personnes qui sont

les dõmaiges et les offences ou aussi les offenses villenies ou dõ
maiges qui sont faictes. Celluy nest pas vray paciēt qui ne veult
souffrir que ce quil luy plaist. Le vray paciēt ne regarde de q̃ il seuf/
fre ou qui luy fait desplaisir se cest son prelat ou souuerain ou son pa
reil ou moindre de luy ou bon ou mauluais saint ou prescheur ou de
quelque aultre estat quil soit. Mais indifferāment de q̃lque creature
tant soit grant chose. Et toutes les foiz quil luy viēdra q̃lque ad/
uersite il prēt paciēment et en bon gre comme de la main de nostresei/
gneur et repute que cest vng tresgrant proffit pour soy. Car il nest si
petite chose portee ou soustenue pour lamour de dieu qui ne soit de tres
grant proffit et merite enuers luy Et pource tu dois estre prest et ap
pareille tousiours alassault et bataille se tu veulx auoir victoire. car
sans bataille ne peuz tu estre couronne. Et se tu ne veulx souffrir tu
ne veulx pas auoir la couronne. Et doncques se tu veulx estre cou/
ronne il te fault fort cõbatre cest assauoir resister aux tēptaciõs et
pechez et inclinacions mauluaises et porter et souffrir paciēment ad
uersitez et tribulaciõs car sans payne et trauail on ne viēt pas a re
pos et sans bataille on ne peult auoir victoire. Lõme respõd par de/
uote oraison. O mon dieu et seigneur soit fait a moy possible par vo
stre aide et benigne grace ce qui mest impossible de moy et de ma force
Vous sauez sire que ie suis foible et de peu de force pour riens souf/
frir et de petite aduersite et tribulacion ie suis tost vaincu et abatu.
Mais se vostre grace me veult aider q̃lque tribulaciõ qui me viegne
ne me pourra nuyre mais elle me sera plaisant et agreable. Car ie
sauray et congnoistray que souffrir et endurer pour lamour de vous
est proffitable au sauluement de mon ame

De congnoistre et confesser son enfermete et les miseres de ce
monde. pp. chappitre.

E vous cõfesse sire encõtre moy mõ iniustice ma foiblete et
mon enfermete. Car souuentesfoiz pou de chose me abat et
surmõte. ie propose aulcũeffoiz q̃ ie resisteray tresbiē mais se vng peu
de temptation ou tribulacion suruient tantost ie ne scay que faire.
Et encore dune vieille chose et q̃ riē ou peu vault seray tresfort tēpte.

Et quant ie cuyderay estre bien seur et bien en paix souldainement
et pres que ie ne le sentiray me trouueray vaincu et surmonte com
me dung peu de vent. Si vous plaise sire a regarder piteusement
mon enfermete et pourete qui vous appert de tous costez. Ayes
pitie de moy et me deliurez de la fauge ou boe que ie ny demeure pas
de tous pointz fiche ou tombe Cest ce que souuentesfoiz mesbahist
et confond deuant vous que ie suis ainsi chancellant et foible a re
sister a mes passions et mauuaises inclinaciõs suppose quelles ne
soyent pas iusques au parfait consentement touteffoiz ce mest vng
grãt ennuy et griefue chose a les porter et souffrir et me ennuye tref
fort destre tousiours ainsi et viure en telle bataille. Et en ce mest
manifeste mon enfermete et foiblesse que plus souuent me viẽnēt
telles abhominables et lourdes fantasies et plus legierement q̃l
les ne sen vont. Cest a dire que ie suis plus enclin a les auoir que
a les debouter. Plaise vous sire puissant seigneur et dieu disrael ze
lateur des ames crestiennes a regarder piteusement le labeur et dou
leur de vostre poure seruiteur et soyes presēt en toutes ses euures et
besoignes renforcez moy de force et de vertu espirituelle q̃ le corps et
la chair qui nest pas encores plainement subiecte a lesperit nayt do
minacion sur moy contre laquelle me fauldra combatre tant com
me ie viuray en ceste vie miserable. Helas et quest ce de ceste mef
chante vie en laquelle na que tribulacions et miseres ou tout est
plain de las et de temptacions. Car tantost que vne temptacion
est passee ou surmontee lautre reuient. Et encores aulcunesfoiz
auant que la premiere tribulacion ou temptacion soit parfaictement
cessee en suruient des aultres et ne scet on de quelle part elles viẽnēt
Et comme peult estre amee vie qui a tant damertumes qui est sub
iecte a tant de meschantetez et miseres. Comment la peut on ap
peller ou nommer vie qui engendre tant de mors et pestilēces et tou
teffoiz sire on layme et plusieurs desirent et veullent delicter en ycelle.
Et iacoit ce que plusieursfoiz on congnoisse que ce monde est faulx
et mauluaiz touteffoiz ne le peult on pas de legier laisser pource que
les concupiscences charnelles ont dominacion en nous. Mais il y a
aulcunes choses qui admonnestent a laymer et les aultres qui ad
monestent a le mespriser et a le hair et a amer le monde. attrayent le

desir de la chair cest a dire les plaisances charnelles. Le desir des
yeulx cest a dire choses plaisantes a voir. et lorgueil de ceste vie cest
a dire les pompes estatz et dominacions de ce monde. Mais les peynes et miseres quon a desdictz desirs cestassauoir a les garder et ac
querir et qui dicelles par le iuste iugement de dieu se ensuyuent et le
font hair et ennuyant. Mais cest grant malle meschace que les ha
bandonnez au monde sont surmotez et vaincus par ses delectacios
et plaisances mondaines et se delictent et prennent plaisir a estre sur
roces et espines. car ilz sont ignorans de la doulceur de dieu et ne sen
tent point la delectacion et suauite internelle des vertus et ny prenet
point de goust ou plaisir. Mais ceulx qui parfaictement mesprisent
le monde et se estudient de viure a dieu soubz ceste discipline Ceulx
ycy ne ignorent pas la suauite et doulceur qui est promise aux vrays
renoncans du monde cest a dire a ceulx qui vrayement de cueur et de
corps renoncent au monde et apparcoyuent clerement comme le mo
de erre et est deceu diuersement cest adire en diuerses manieres.

Que sur toutes choses on doit mettre peyne dauoir repos et
paix en dieu seullement.   ppi. chappitre.
 Mon ame apren a toy reposer et auoir paix en dieu tous
iours car cestluy seul est le pardurable repos des sainctz.
 Plaise vous sire doulx ihesus vray et seul amy moy do
ner ce repos. ceste paix est en vous sur toutes creatures.
Sur tout salut et beaulte. sur toute gloire et honneur. sur toutes ri
chesses et sciences et subtilite entendement. sur toute puissance et dignite. sur toute lyesse et epultacion. sur toute renommee et honeur ou
louenge. sur toute doulceur et consolacion. sur toute esperance et pro
mission. sur toute affectio et desir. sur tous les dons et remuneracios
que vous pouez donner. sur toute ioye et iubilacion que peult compre
dre et sentir cueur humain. A la parfin sur to(us) angelz et archangelz.
Et sur toutes les vert(us) et esperitz des cieulx. Sur toutes choses
visibles et inuisibles. Et sur tout sire ce que vous nestes pas. Car
vous sire estes mon dieu seul bon sur toutes choses. Seul grant
seul puissant. seul tressuffisant et plain. Vous estes seul tresdoulx
et consolatif. V(ous) estes seul tresbel et tresamiable a amer. Vous estes

seul tresnoble et glorieulx sur toutes choses ou q̄l tous biēs sōt tres
parfaictemēt et ont tousiours este et serōt. Et pource q̄lque chose q̄
sans vo°me pouez dōner promectre ou releuer est moindre insuffisāt
a mon desir acōplir se ie ne vous voy ou oy plainement. Car certai/
nemēt sire rien ne peult vrayement assoupr mō cueur et mō desir cōtē
ter sil ne se repose en vous mais surmonte et passe toutes creatures.

Oraison par maniere de meditacion.

On loyal amy et espoux ihūs amy piteup et debōnaire qui
me dōnera les helles de vraye liberte ad ce q̄ ie puisse auoir
en vous repos et consolacion. O quāt me sera licite de plainement
vacquer a veoir ou sentir cōme vous estes doulx et souef quant me
pourray ainsi plainement recoliger. Cest adire toutes aultres pen/
sees et meditaciōs saintes et occupacions bouter hors de moy q̄ en
vous puisse auoir tel repos q̄ pour la grāt doulceur de vous ie ne me
sente point: mais moy et toutes aultres choses aye oubliez et a vo°
seullement penser par vne maniere q̄ sens ne desir ne peut cōgnoistre
ne apparceuoir. Mais maintenant souuētesfoiz ie gemys et seuffre
en douleur mon infelicite. Car en ceste valee de misere et de tenebres
me suruiennent plusieurs maulx qui me troublēt cōtristent et aueu/
glent empeschent souuent distrayent et attrayent et prouoquent que
naye franc acces a vous et que ie ne sente ses ioyeulx embrasemens
de vostre bonne amour et consolacion qui est tousiours presente aux
benoitz saintz de paradis.   Soyes sire esmeu par pitie par mon
souspir et la grant desolacion de ceste terre. O ihesus resplendissant
et lumiere de gloire pardurable. seul soulas de lame pelerine: enuers
vous est mon desir sans voix et ma silence parle. Helas cōme lōgue
ment attendez vous a venir sire. Mō dieu a moy venez et me recon/
fortez vostre poure et me resiouyssez. Estēdez vostre main et delittrez
ce poure de toute doulr et angoisse. Venez venez sire car sans vo° nul
iour ne heure ne mest ioyeuse.   Vous seul estes ma ioye et sans
vous nya point de viande qui vaille.   Je suis poure et tresmes/
chāt et cōe emprisonne charge de fers et de lyās iusq̄s ad ce q̄ vostre
grace me deliure et me cōforte par vostre doulce presence et aduenemē̄t

Quierent les aultres ce quilz vouldront car quant est de moy rien
ne me plaist fors vo' ma seulle esperance et mon salut pardurable
Je ne me tairay pas et ne cesseray de vous prier iusques ad ce que
vostre grace soit retournee et que ie sente vostre presence en moy. Or
doncques maintenant sire ie vous sens. Vous estes retourne. Vous
auez ouy mon oraison. Vous auez eu pitie de mes lermes et de mes
souspirs. Le desir de mon ame humiliacion de mon cueur et douleur
vous ont encline et ramene a moy mercye sire en soyes vo'. et main
tenant me plaist mon desir et priere. car ie sens vostre presence. Je suis
prest et appareille de tout reffuser pour vo' Car sire cest vostre grace
qui premierement mauez donne cueur et voulete et mauez epcite po
vous prier et requerir. Vo' soyez benoist qui mauez fait ceste grace
a vostre poure seruiteur inutile selon vostre grande misericorde non
pas selon ma desserte. Que peult doncq̃s maintenant dire vostre po
ure seruiteur deuant vous fors que soy humilier tresfort en recognois
sant sa poure iniquite vilite et misere. Vous nauez point sire de pa
reil et semblable ne en ciel ne en terre. Toutes voz euures sont tres
bonnes et voz iugemens vrays et par vostre pouruueance sont tou
tes choses gouuernees. Et pource sire a vous tout seul doit estre la
louenge de toute gloire. O vraye sapience de dieu le pere. Benoyst
doulx ihesus si vo' loe et benoist mon corps et mon ame et aussi tou
tes voz creatures.

De remembrer souuent les benefices de nostreseigneuret les
auoir en sa memoire.   ppn. chappitre.

o   Vurez sire mon cueur en vostre loy et meseignes a viure se
lon voz comandemens. Donez moy grace de congnoistre vo
stre voulete et en grande reuerence et diligete consideracion remebrez
et racoptez voz benefices et graces q̃ vous faictes a moy et a toutes
voz aultres creatures tãt en general cõme en espicial affin q̃ ie vous
en puisse diligement remercier iacoit ce q̃ ie sache bien et cõfesse q̃ no
pas par le moindre don q̃ mayez fait ne puis deuemẽt vous louer et
remercier. Je suis sire moindre et indigne de to' les biens q̃ mauez
faiz et donez. Et quãt ie pense et cõsidere vostre dignite et noblesse
ie deffaulx en moy. Car ie ny puis aduenir tant q̃ nous auõs et en
corps et en ame q̃ nous possedõs naturellement ou espirituellement

dehors ou dedens sont voz dons et benefices et vous commandent
et manifestent doulx et piteulx donneur de qui nous recepuons tous
biens. Et suppose que lun en recoyue plus que lautre touteffoiz sire
tout est voftre et vient devous. car sans voftre grace ne pouuons riens
auoir tant soit petit. Celluy qui plus grans dons et graces recoit
ne ce doit point pource glorifier ne enorgueillir et esleuer sur les aultres ne reproucher a celluy qui est moindre de luy ou qui moins en a.
Car celluy qui est meilleur et plusgrant enuers dieu et qui moins
sen attribue et plus humblement et deuotement et en remercye dieu
et celluy qui se repute et iuge le plus vil et indigne de quelque don et
grace auoir de dieu est le plus habile et appareille a recepuoir grãs
dons et graces de dieu. Pareillemét celluy qui a moins receu de vo'
ne se doit point contrifter ou eftre courrouce et indigne et auoir enuye
contre celluy qui plus en a. mais doit pluftost confiderer et louer voftre grant bonte et magnificence qui ainfi largement et fans defferte
voulentiers donnez et departez voz dons et graces a to' fans auoir
acception de perfonne. Tous biens font et viénent de vo'. et pource
vo' feul de tous et en to' auez eftre loue. Vo' fauez sire cõe il eft ex-
pediét de dõner a vngchafcũ et pource ne nous appartient pas sire de
vouloir fauoir ou querir pour quoy cestuy cy en a plus et lautre moins.
mais a vous feul appartiét qui fauez le merite dung chafcũ Et po²
ce sire dieu tout puiffant ie repute grant chofe et po² grant don et benefice non auoir pas grans graces et dons defquelz on puyffe eftre
par dehors enuers les hommes prife et honnore tellement que chaf
cũ cõfidere la pourete et vilite de fa perfõne. et parce ne foit pas courrouce ou indigne de cefte digeftion et pourete. mais foit trefioyeulx
et repute grant confolacion et grace Car sire vous auez acouftume
dauoir pl' familiers et prochains de vo' les poures hũbles et mef
prifes du monde et a eulx donner plus deuotes cõfolacions et graces interiores. Et de ce en font tefmoings les faintz appoftres mar
tirs et confeffeurs et aultres faintz de paradis lefquelz vous auez
faitz et ordonnez princes fur toute la terre qui touteffoiz en ce monde
eftoyent poures hũbles paifiblement cõuerfans auecques le monde
et lefaultres fimples debõnaires fans malice barat ne tricherie tel
lemét quilz fefioyffoiét de fouffrir et porter pour lamour devous et po²

voftre nom villenies et reprouches et paines corporelles et embraſ
foyent ioyeufement. et par grant affection tout ce que le monde a en
orreur et abhomination. Il neft doncques riens en quoy fe doye tãt
eftiouyr et confoler celluy quivous ayme et bien congnoiftvoz dons et
benefices fors en ce q̃ voftre voulëte foit faicte en luy et de luy. po² la
quelle il doit eftre ainfi bien contët deftre le plus petit de tous et auffi
paifiß le et côtët deftre ou dernier lieu côme vng aultre feroit contët de
ftre au premier et auffi doulcement et amyablement porter eftre meſ
prife et deboute' des autres et de non eftre daulcune reputacion ou reſ
nômee mais que on ne tiengne compte de luy côme vng aultre feroit
deftre en grant eftat et hôneur en ce monde. Car lamour et le defir de
faire voftre voulente et que voftre amour foit en tout et par tout fait
garde luy doit plus eftre .a plaifir et confolacion que tous les biens
eftatz et benefices quil pourroyt auoyr en ce monde cy.

De quatre chofes qui fôt garder et auoir paix
en la perfonne.   ppiij.chappitre.

Eau filz maintenât ie tëfeigneray la voye et le chemĩ
de paix et de vraye franchife et liberte. ffaictes doncq̃s fi
re ce q̃vous dictes car ceft vne chofe que ie defire moult fa
uoir et ouyr. Eftudie toy de faire pluftoft et plus voulëſ
tiers la voulente daultruy que la tienne et ten efforce. Defire auoir
toufiours moins que affez ou plus. Quiers toufiours le dernier
lieu ceft a dire le dernier des aultres et eftre fubiect aup aultresPrie
fouuent a dieu et luy requiers q̃ fa voulëte foit du tout faicte en toy
et de toy.Qui ainfi ces quatre chofes defire et mect peyne de les acô
plir en tant quil peult et q̃ en foy eft. ceftuy eft au chemin et en la voye
de paix et trãfquilite Helas sire voftre parolle eft briefue et voftre doc
trine:mais en foy côtient grant perfection Elle eft de peu de parolles
mais pleyne de grant fens et de grant fruit. Et fe ne la pouoye en
moy bien garder et acomplir turbacion ou impacience ne me furpren
droit pas fi legieremët quelle fait. Et pource toutes foiz q̃ ie me per
turbe et fuis impacient ie côgnois bien q̃ ie fuis encores loing de ce
fte doctrine et perfection.Mais vous sire qui côgnoiffez mon imperſ
fection et pouez toutes chofes et qui mon falut.et perfection defirez
e iij

et voulez donnez moy plus grãt grace et force espirituelle affin q̃ ie
puisse acõplir ceste doctrine et parce faire mon saulvement. Amen.

Oraison contre les maulvaises cogitacions:

On dieu monseigneur ne vous esloignes pas de moy
mais regardes sire piteusement a mon aide. Car cõtre
moy sont esleuees plusieurs diuerses pensees lesq̃lles
me dõnent diuerses afflictions et paours. Helas sire
dieu cõme les pourray ie passer et eschapper sans estre blece. Comment les pourray ie surmonter et vaincre si non que piteusement me
secourez en mon aide et humilies les glorieux de la terre cest a dire
les passions et mouuemes desordonnez de mon corps en moy ostãt
de ceste prison en laquelle suis. Et me reuelez voz secretz cestassauoir
vostre doulce consolacion qui me recõforte en ceste bataille. Et pour
ce sire faictez selon vostre promesse qui promectez secours aux tribu-
lez pour lamour de vous. Approuchez a moy et ces pensees toutes deuant vostre presence sen fuyent car cest ma seulle esperance et reconfort en toutes tribulacions refuy a vous et en ceste fiãce du par-õ
du cueur ie vous deprie et en patience actens vostre consolacion.

Oraison pour illuminacion de cueur obtenir.

Lorifiez moy et enluminez benoist doulx ihũs de la clarte
et lumiere interiore et mectez hors de mon cueur toutes tene
bres Refraignez ces euagacions et abatez les tẽptacions qui me
assaillent. Cõbatez vous pour moy et eppugnez les bestes saulvai-
ges. cest adire les concupiscences desordõnees et q̃ par vostre vertu
et puissance paix soit en mon cueur amee ad ce q̃ ie vous puisse pl'
souuent loer en saintete. Cõmandez aux vens et tẽpestes destem
pracions q̃lles se deppartent. Dictes aux amertumes des remors
de cõscience quelles cessent et au vent de acquillõ cest adire a lenemy
qui esleut son siege en ce pas la q̃l sen fuye. et tãtost sera faicte grãt
paix et tranquilite. Enuoyes sire vostre lumiere et vostre verite p'
alumer sur la terre de mon cueur tcar ie suis terre vaine et obscure se
vous ne me enluminez. Respandez vostre grace dessus et se arosez
de la rosee du ciel. Administrez leaue de doulce deuocion pour aroser la
seicheresse de luy affin quil puisse porter fruit qui me soit tresbon. Es

leuez sire ma charge du faiz et charge de peche et estendez tout mon
desir en hault affin que par le doulx goust de la felicite celestielle il sen
nuye de péser les choses terriénes. Attrayez moy sire a lo[us] et me ar/
rachez de toute ceste transitoire consolaciõ. Car nulle chose cree ne
peult de tous pointz faire cesser plainement mon desir se ne me recon
fortez. Joignes moy a vous par le fort lyan de charite et amour. car
vous seul souffises a celluy qui parfaictement vous ayme. Et sans
vous sont toutes choses fresles et vaines.

De soy garder denquerir curieusement la vie daultruy et est en
la personne de dieu. ppiiij.chappitre.

Eau filz ne soyes point curieux ne soingneux en choses
ou en cures inutiles et qui de riens ne tappartiénét Po[ur]
quoy regarde a lung ou a lautre. Ensuy moy tant seul
lement cest assauoir en gardãt mes cõmandemés.Que
as tu a faire se cestuy est tel ou telle ou se lautre a fait telle chose ou
dit ceste parolle.Tu ne dois respondre de leurs pechez mais te faul
dra respondre pour toy voyre especiallement quant ilz ne te sont pas
commis et que tu nez pas leur prelat ou quilz ne sont a ton gouuer
nemét.Pourquoy doncq e te impliques tu a ce sauoir et cõgnoistre
ql ne test point de besoing.Laisse et mect arriere ceste prudence mon/
daine toute propre et humaine plaisance en toy et de toy. Je soy tout
et congnoys tout quãt qui est soubz le ciel et scay et apparcoys quel
ung chascun est et ce quil pense et ce quil desire et a qlle fin tend son
entencion. Et pource on me doit laisser tout et cõmectre et se attendre
du tout a moy. Mais garde toy le mieulx que tu pourras en bõne
paix et laisse tes ennemys faire ce quilz vouldront ou pourrõt. Car
le mal quilz te penseront faire viendra a faire car ilz ne peuét eschap
per ou deceuoir ne euiter ma puissance. Et ne soyes pas enuieux da
uoir grant nom en ce monde car ce nest q vmbre non pas verite. Ne
aussi ne desire pas a auoir familiarite a plusieurs ou particuliere ou
priuee amour a aulcúes persones. Car telles choses engendrét di/
stractiõ de cue[r] et aueuglemét.mais se tu prey garde de cõgnoistre et
apperceuoir laduenemét de ma visitacion en toy et q tu soyes prest et

appareille de luy ouurir huys de tõ cueur ie y ẽtreray et parleray a toy
secretement et te reuesteray plusiers choses obscures. Soyes dõc=
ques diligent et esueille en orayson et te humilie en toutes choses.

En quoy est la vraye paip de cueur et le proffit
espirituel.   ppv.chappitre.

Ostreseigneur ihesucrist dit en leuangile. Je vo' laisse
ma paip.ie vous donne ma paip non pas ainsi cõe le mõ
de la donne. Tous desirent et demandent paip.mais to'
ne se esforcent pas de garder et auoir ce par quoy on viẽt
a la vraye paip.laquelle est auecques les humbles et de bonnaires
de cueur.mais la paip des hõmes est en vraye pacience. Se tu veup
auoir ihesucrist et ses parolles mectre a effect et acomplir tu auras
grãt paip.et que fault il que tu faces. En toutes tes euures et pa
rolles soyes sur ta garde et ayes toute ton entencion fichee et tout
ce que tu faitz et dis soit a lonneur de dieu et pour luy plaire et que
en tout tu ne desires ou quiers que luy ou son plaisir.mais des faitz
et des parolles daultruy tu ne iuges pas follement des choses qui
ne tappartiennent pas et qui ne te sont pas commises ne tetremetz
pas Et lors tu pourras venir ad ce q peu souuent tu soyes trouble
Toutesfoiz ne pense pas venir ad ce que tu nayes iamais aulcune
tribulacion ou aduersite en ce monde ou que tu nayes quelque an=
goisse de cueur ou de corps Car ceste grace et ce don nappartient pas
auoir en ceste vie Mais ala vie pardurable cestassauoir de paradis
Ne cuydes doncques pas toy auoir trouue vraye paip se ne sens
quelque douleur de corps ou tristesse de cueur. Ne cuydes pas aussi
que ce soit de ton bien se tu nas point dauersice ou dauersaire. Ne
pareillement ne te dois pas reputer parfaict se elles te viennẽt avou=
lente ou a ton desir ou plaisir. Ne aussi ne te repute pas bien espici
allement ante de dieu nostreseigneur ou estre grant et saint. se tu es
en grant deuocion et que en ton oraison tu sentes grant doulceur.
Car en ces choses nest pas congneue la vraye vertu dela personne
ne en ce ne gist pas le parfait proffit et perfection de lomme. Et en
quoy diras tu doncques en te offrant et soubmetant de tout ton
cueur a la voulente et disposicion diuine en ne querant point tõ pro=
fit et voulente ne en grant ne en petit en ce monde cy ne en lautre.

Mais seullement le plaisir et voulente de dieu et tellement q̃ tu soyes
tousiours tout vng et pareil de cueur et de face. Et remercye aussi
bien dieu en aduersite cõme en prosperite en receuant aussi ioyeuse/
ment lung cõme lautre. Et se tu peuz estre si fort et si pacient en es/
perance que toutes cõsolaciõs te fussent substraictes et ostees. Tou/
teffoiz tu soyez prest et appareille au cueur de encores souffrir et sou/
stenir plus et plus longuement sil plaist a dieu et que tu ne te iusti/
fies pas au cueur ou vueilles louer cõme saint et que nayes pas des/
seruy a telz maulx porter et soustenir. Mais que tu loes et remercyes
dieu et se repute iuste en toutes les disputaciõs et ordõnances que
de toy et a toy luy plaira a faire. Lors seras tu au vray et droit che/
min de vraye paip et te sera vraye esperance q̃ finablemẽt tu verras
dieu en grant ioye et iubilacion. Et se en ces choses tu peup venir
et parfaictement cõtempner et mespriser toy mesmes. Lors saiches
que tu seras en grant habondance de paip selon quil est possible a la
mour en ce present monde.

De leminence et haultesse de franchise de cueur laquelle se
acquiert plus par deuote oraisõ que par lectoñ ou predicaciõ Cest a
dire par estudier ou ouyr prescher la saincte escripture. pp vi. cahppi.

Eau sire dieu cõme cest grant chose et difficille dauoir
ainsi continuellement son cueur son affectiõ et son entẽ
ciõ sans relacher fichees en dieu et es choses diuines
et espirituelles. Certes ce nest pas euure que puisse
faire vne poure personne. Mais fault quil soit de grant perfectiõ et
que entre tant de cures et sollicitudes qui sont en ce monde on puis/
se estre sans nulle distractiõ sans negligence et paresse ou tepidite
de cueur et que par vne grant grace prerogatiue on esliue franche/
ment son cueur a dieu et non estre fiche a quelque creature ou chose
terrienne par affectiõ desordõnee. Et pource sire dieu tout puissant
piteusement vous supplie et requier q̃l vo⁹ plaise moy garder de ces
cures mondaines q̃ ie ny appliq̃ ou empesche trop fort des necessites
ou delices corporelles que ne me prengne par volupte plus q̃ besoing
ne sera et de to⁹ obstacles ou empeschemẽs de lame q̃ par impaciẽce

ou foiblete ne soye surmonte et vaincu. Et ie nentens pas sire ou
desire estre seullement desire de lamour ou desir de ces choses ou vani/
tez terriennes lesquelles les terriens et mondains desirent et cou/
uoitent de tout leur cueur et aux quelles auoir et acquerir ilz mettent
leur paine et trauail. mais aussi des miseres et enfermetez du corps
Lesquelles nous tous souffrons et soustenons par la comune ma
lediction et pugnicio donnee a lome et a tout son lignaige pour le pre
mier peche. Lesquelles agrauent et retardent lame sire de Vostre ser/
uiteur par la penalite de ceste mortalite qui ne puisse se esleuer fran/
chement en esperit et entrer en doulceur et paix de cueur ainsi et tou/
teffoiz quil Vouldroit. O monseigneur et dieu doulceur inestimable
tournez moy en toute amertume et plaisir toute charnelle consolacio
qui me retrait de lamour des choses pardurables. Et si Vne yma/
ginacion dung plaisir ou bien delictable me attrapoit mauluaiseme
a soy ne souffrez pas mon doulx seigneur et mon dieu que chair et
sang Cest adire que les affections charnelles me surmontent et
Vaincquent ne que le monde et la Vanite de la gloire de luy me decoy
ue la malice de lennemy ne me supplante ou surmonte. Donnez
moy sire dieu force pour resister. pacience pour souffrir et porter: con/
stance pour perseuerer. Donnez moy pour toutes les doulceurs et
plaisances du monde la doulce Vnction du saint esperit. Et pour
toute charnelle amour et affection embrassez moy de lamour de Vo/
stre saint nom. Les necessitez corporelles comme menger boire
chaulser et Vestir chaulfer dormir et autres que nous sauons sont
a grant charge a personne feruent desperit. Plaise Vous sire me
donner grace et bonne Voulente den Vser par attrempace non pas les
prendre et consumer par superfluite et par desir desordonne. Car les
debouter et les laisser de tous pointz nest pas licite. Car par iceulx
est nature soustenue et nourrye. Daultre part Vostre loy et Voz com
mandemens nous deffendent les prendre en superfluite et par grat
delectaction. Car par ce la chair est rebelle contre lame et lesperit
Et pource sire plaise Vous a moy enseigner et coduyre et mener par
le moyen affin que nul dung coste ne daultre ie ne excede ne me for
uoye de la Voye de Voz conseilz parfaitz.

Eau filz il te fault donner tout pour tout. Cest adire que
se tu veulx auoir ton dieu Il te fault que tu te donnes a luy
et q̃ tu le retiengnes de toy. Saches de certain que lamour priuee a
ta propre personne te nuyst plus et empesche que quelque chose que
ce soit Selon lamour et laffection que tu auras aup choses de ce
monde selon ce seront elles plus ou moins adherens et tenens a
toy. Cest adire que selon ce que tu les auras plus ou moins cour
roucez sil aduient que tu les perdes ou quil les te faille laisser en
quelque maniere que ce soit. Car se ton amour et affection que tu
as a elles est poure et simple et bien ordonnee tu ne seras pas fort
courrouce ou perturbe se tu les laisses ou se on les te oste mais au
ras bonne paciece et loueras dieu de tout. Et pource tu ne dois pas
couuoiter ce que tu ne peuz licitement auoir ne posseder. Tu ne dois
pas aussi vouloir auoir ce qui te peult empescher dauoir ton cueur
franc et deliure enuers dieu. Cest merueille que la personne ne se
commect et donne du parfond du cueur a dieu auecques tout ce quil
peult auoir et desirer. Pourquoy te consumes tu et gastes par vai
ne tristesse et melecolie et te trauailles en cures superflues Lye toy
et te rapporte au plaisir de dieu et sa voulente et tu nauras point de
peyne ou de dommaige se tu quiers et demandes maintenant vne
chose maintenant vne aultre et estre et demourer maintenat en ung
lieu maintenant en vng aultre pour ton proffit ou plaisir auoir et a
complir iamais tu ne seras et aussi ne demourras en paix ne en re
pos ne sás soing et tristesse. Car quelque part ou lieu que tu soyes
ou quelque chose que tu ayes tousiours y trouueras tu aulcun ad
uersaire. Ne pense doncques pas que multiplicacio de biés ou chef
cune chose que tu auras te aide a auoir paix et bon repos mais plus
tost le contempnement ou le mesprisement desdictes choses et les
affections dicelles ostees et arrachees de tout point en ton cueur.
Laquelle chose nest pas seullement a entendre des richesses et biés
terriens et mondains mais aussi des honneurs et ambicion et de vai
ne louenge mondaine toutes lesquelles choses passent auec le monde

pou proffite le lieu ou ny a en lesperit ferueur de deuocion ne la paix de
dehors ne demourra pas longuement. Se le vray fondemêt de paix
nest au cueur par dedens. cest adire que se tu nez fiche en dieu et fon/
de par amour et affectiô côme dit est tu peuz changer lieu et aller ou
tu vouldras. mais tu ne seras pas pource meilleur. Car se vng peu
de occasion te suruient de tribulacion ou de temptaciô tu retourneras
ce q̃ tu cuydes fouyr et par aduêture plusfort q̃ deuant pource q̃ la ra
cine est encores dedens cestassauoir laffection desordonnee a toy ou
a autruy.

Oraison pour impetrer purgacion ou mondicite de cueur et sapi
ence diuine.

Enfortez moy sire dieu par la grace du saint esperit.
Donnez moy vertu destre fort en lomme interiore.
Cestassauoir en lesperit et q̃ ie puisse vuyder mô cueur
de toute solicitude et occupacion inutile et quil ne soit di/
strait par diuers desirs de quelque chose mondaine soit vtile ou pre/
cieuse mais que ie puisse toutes les choses de ce monde passans et
deffaillans estimer ou reputer pour nulles et moy aussi côme elles et
auec elles passant mortel et deffaillant. Car rien nest parmanant
ou perpetuel soubz le souleil cest adire en ce môde au q̃l tout est vain
et vanite et affliction de cueur et desperit. O côme est saige celluy qui
ainsi considere. Dônez moy sire ceste sapience celeste ou diuine af/
fin que iaprengne a vous querir et desirer sur toutes choses et vo⁹ trou
uer et assauourer et aymer sur tout et toutes les aultres choses se/
lon lordre de sapience et selon quelles sont a congnoistre. Donnez
moy grace de sagement decliner ou mespriser les flateurs et paciêmêt
porter ou souffrir les aduersaires et aduersitez. Car cest grât prudê
ce de nestre point esmeu par quelque vent de parolles Cestassauoir
veoir ne escouter point vulgêtiers flateurs ou louêges de soy. ne aus/
si ne se couroucer pas des detractions ou reprouches car en telle ma
niere peult on aller seurement en la voye et chemin de ceste vie.

Contre les lengues des detrayeurs ou mes
disans.   pviij. chappitre.

Eau filz ne porte pas ennuy se aulcũ sent ou estime mal
de toy ou te dit chose que tu nevouldroys pas ouyr Cest
assauoir que tu dois cuider q̃ tu es pire que tous les aul
tres et que nul.nest moindre de toy ou plusgrant pecheur
Se tu penses bien a tes pechez et soyes soigneup de ton ame tu ne
tiendras gueres compte des parolles volans par dehors. Ce nest
pas petite prudẽce soy sauoir taire en temps mauuais.cest adire en
aduersite et soy sauoir conuertir a moy et ne troubler pas pour les
iugemens du monde. Ne quiers pas ta paip en la bouche des hõ
mes.Car silz interpretẽt bien ou mal de toy cest adire de tes euures
que soyent bonnes ou mauluaises ou bien ou mal faictez pour cela
nez tu pas autre que tu es.Ou est vraye paip et vraye gloire nest
ce pas en moy et qui ne desire point plaire au monde et ne doubte
point luy desplaire ha grant paip. Car par desordonnee amour ou
affection de plaire ou vaine paour de crainte de desplaire naist et viẽt
grant turbacion de cueur et distraction de sens.

Commment en grant tribulacion on doit prier
loer et remercyer dieu. ppip. chappitre.

Oit sire vostre nom benoist et a perpetuite qui auezvou
lu ceste temptacion et tribulacion venir sur moy. Je ne
la puis sire fouyr ne euiter. Mais besoing et necessite
mest de retourner et me conuertir a vous plaisc vous a
moy aider et la tourner et conuertir a mon bien et prouffit. Main
tenant sire ie suis en aduersite et tribulacion et en moy nest quelque
bien.mais moult fort suis vepe et triboule de ceste passion.Et main
tenant sire pere tout puissant que dirayie prins entre ses engoysses
Plaise vous sire moy ayder en ceste heure car pour ce suis ie venu
en cest besoing. Cest adire que vous my auez souffert venir ad ce
que vostre nom fust clarifie. Apres quant iauray este tressort hu
milie vons maurez tressort et merueilleusement deliure ainsi. Plai
se vous sire amoy deliurer car ie poure et meschant que puis ie faire
ce que puis te deuenir ou aler sans vous. Donnez moy sire paciẽ
ce mesmement en ceste foiz. Aidez moy vous mon dieu et monsei
gneur et ie ne doubteray de quelconque griefuete que ie soye greue.

f

Et maintenant sire que diray ie entre ces choses. Sire soit faicte
voſtre volente. Iay bien deſſeruy eſtre tribule et pugny. Il conuiết
certes que ie le souſtiengne ie vouldroys que ce fuſt bien paciemmết
iuſques la tribulacion fuſt paſſee et que iaye voſtre aide et main sire
tout puiſſant. Parquoy pouez ceſte temptacio oſter de moy et la force
et limpetuoſite dicelle appaiſer affin que ne ſoye pas de tous pointz
vaincu et ſurmonte ainſi côme par auant pluſieurſfoiz auez fait auec
moy mon dieu ma miſericorde. Et de tant que ceſte mutacion meſt
plus difficille et forte de tant vous eſt elle plus legiere.

De requerir touſiours laide de dieu et que on doit auoir confia
ce a recouurer la grace de dieu ſe on la perdue ou ſe on ne la ſent pas
Et eſt en la perſonne de dieu qui côforte ou enhorte. ppp. chappitre.

Eau filz ie ſuis le ſeigneur qui côforte en têps de tribu
lacion vien a moy quant tu ne ſentiras pas q te ſoit bien.
Ceſt la choſe q plus épeſche la conſolacion diuine q tu
te tournes trop tart a oraiſon. Car deuant q tu retour-
nes parfaictemết a orayſon ententitiue a moy tu quiers et pourchaſ
ſes pluſieurs côſolacions et recôfors par dehors Et pource il aduiết
ql ne te proffite riens ou pou iuſqs ad ce q tu apparcoys et côgnois q
ie ſuis celluy qui deliure ceulp qui ont eſperấce en môy et quil ny a aide qui vaille ſans moy: ne auſſi conſeil proffitable: ne auſſi aide qui
dure ou perſeuere. Mais incôtinent reprey force et vigueur deſperit.
Et apres la grant têpeſte ou têptacion reconforte toy en la lumiere
de mes miſericordes ou miſeracions. Car ie ſuis preſt et prouchain
de toy reſtaurer et rendre tout non pas ſeullemết h abôdấmết: mais
a grất côble. Penſe tu quil me ſoit aulcûe choſe difficille ou q ie ſoye
ſemblable a celluy qui dit ou ſe vante ou promect et rié ne fait queſt
deuenue ta foy. Tien toy bien ferme et perſeueramment. Soyes
courageup et côme hôme fort et la conſolacion te viendra en temps
deu: Ceſt adire quant ie ſauray que ſera ton proffit. Actens moy
et ſur actens. Je viendray et te guariray. Ceſt vne têptacion q te
fait mal et vne vaine paour qui te eſpouếte q te peult faire ſolicitude
et auſſi cure des choſes qui peuent aduenir ou non aduenir fors que

te faire vne tristesse sur tristesse. Souffise toy de la mauuaitie ou
malice dung chascun iour cestassauoir que tu la puisses passer Cest
vaine chose et sans proffit de soy troubler ou esiouyz de ce qui peut ad
uenir qui par aduenture ia ne aduiedra et suppose que ce soit humai
ne chose destre deceu par telles ymaginacions. touteffoiz cest signe de
homme de petit couraige destre si legierement attrait ou abatu par la
subgestion de lennemy. Car quant est de luy il ne luy chault comme il decopue ou par verite ou par faulcete.   Ne aussi il ne luy
chault sil vainct par lamour des choses presentes ou par la crainte
des choses aduenir ou paour. Et pource ne trouble point tõ cue²
et ne doubte point. Croy en moy et ayes fiance et esperance en ma
misericorde. Aulcũeffoiz qnant tu cuides que ie soye le plus loing
de toy. Lors suis plus prouchain. Quant tu cuides auoir tout perdu aulcuneffoiz est temps que tu guaignes plus. Tout nest pas
perdu quant la chose aduient au contraire de ce que tu cuides. Tu
ne dois pas iuger selon ce que tu sens presentemẽt ainsi cõme se tou
te ton esperance de iamais pouoir rechapper ou te releuer te estoit o-
stee. Ne cuides pas que tu soyes de tous pointz delaisse iacoit ce q̃
ie taye ennoye aulcũe tribulaciõ ou q̃ ie taye soustrait et oste ma cõsolaciõ. car par telle maniere fault il venir au royaulme des cieulp.
Et sans doubte cecy test plus eppedient et a tous mes seruiteurs
et amys que vous soyez epcercitez par telles aduersitez que se touf
iours vous auies vostre plaisir. Ie congnoys et scay les cogitaciõs
occultes que il est treseppedient pour vostre salut que vous soyes au
cuneffoiz delaissez sans saueur et deuociõ affin que par aduenture
ne vous en orgueillez en ceste prosperite de deuociõ et que vous ne
plaisez a vous mesmes. cest adire que cuydez ou reputez estre aultres que vous nestes pas. Ie puis oster ce que iay donne et rendre
de rechief quant il me plaira. Quant ie lay donne il est mien quant
ie lay oste ie nay riens prins du tien. Car mien est tout don bon et
parfaict. Se ie tay ennoye quelque charge ou faiz de tribulaciõ ou
dauersite ou quelque contraire ne ten courrouce pas et ne deffaulp
pas du cueur car ie te puis tantost secourir et muer et changer toute
la tristesse en ioye. Touteffoiz ie suis tout iuste et moult a remercier
et recõmander quant ie faiz ainsi auec toy. Et se tu estoyes droicte-

ment sage et regardoys a la verite iamais tu ne deurois ainsi contre
ster ou combatre pour quelque aduersite mais plus esiouyr et me re
mercyer et rendre graces. Et mais encores dois auoir souueraine
ioye que ie ne te espargne point et afflige en douleurs. Car ainsi cõ
me mon pere ma aymie ie tayme. Ainsi cõme ie dys a mes amys et
disciples lesquelz toutesfoiz ie nenuopay pas aux ioyes temporel
les: mais a grans assaulp et batailles. non pas aux honeurs du mõ
de mais adeshonneurs et mesprisemens. non pas a oysiuetez mais
a labours: non pas a repos mais a acquerir et porter grant fruict
en bonne pacience. Et pource beau filz souuiengne toy et te reme
bre de ces parolles.

Du mesprisemẽt de toute creature affin que le
createur puisse estre trouue. xxxi. chappitre.

Mon dieu et monseigneur iay bien encores plusgrãt be
soing de plusgrant grace pour paruenir en ce lieu auquel
nulle creature ne me pourra empescher. Car tant cõme
quelque chose me empesche ie ne puis a vous voler fran
chement. Ainsi cõme desiroit franchement et sans empeschement vo
ler celluy qui disoyt qui me donnera pennes cõme a vng coulomb et
ie voleray et me reposeray. Quelle chose est en terre plus paisible de
loisel qui est simple et quelle chose est plus frãche de celluy qui riẽs
ne desire en terre et en ce monde. Il conuient doncques trespasser tou
te creature et laisser parfaictement soy mesmes et soy tenir et estre
en vng esleuement de cueur pour veoir et considerer vous sire crea
teur de toutes creatures non ayant quelque semblance en voz di
ctes creatures. Et car se la personne nest deliure de laffection de tou
tes creatures elle ne pourra franchement soy esleuer ne entendre es
choses celestielles et diuines. Et pour ceste cause trouue lon peu de
gens contemplatifz. Et pou en ya qui plainement se saichent sepa
rer des choses terriennes et qui faillent ou perissent. Et ad ce est re
quise grant grace de dieu qui eslieue lame et rauisse sur soy mesmes.
Et car se personne nest esleuee en esperit et deliure des aultres crea
tures voire de laffection delles et vnye a dieu par amour quelque aul

tre chose quil sache ou quil est pou a priser.   Tant longuement
est homme petit et gysant en terre: Cest a dire non esleue de cueur
tant longuement il repute quelque chose du monde grant si non cel/
luy qui est bien et bon sur tout grant pardurable cest dieu.   Car
quelque chose qui nest pas de dieu nest rien et doit estre repute por riē
Il y a grant difference en la sapience dung homme duot et enlumi/
ne en lesperit et la scieuce dung clerc lectre estudiant voire non enlu/
mine. Car moult plus noble et plus a priser est la doctrine qui des/
cend de hault et inspire par fluence diuine que nest celle qui est acqui
se par labeur dengin humain. Plusieurs sont qui desirent estre con/
templatifz mais pou en y a qui se veullent epcerciter et trauailler a
acquerir la voye et la maniere par laquelle on y peut paruenir.   Ce
nous est vng grant empeschement que nous nous arrestons et oc/
cuppons en ces choses et signes visibles et sensibles et ne mectons
pas grant peyne a auoir et acquerir mortificacion. Je ne scay certai/
nement de quel esperit nous qui semblons estre espirituelz sommes
conduitz et menez et que nous pensons qui prenons plus grāt pey/
ne et labeur et plus grant soing pour petites choses transitores et
de noz interiores.   Cest a dire de noz ames et consciences vng tres/
petit et peu souuent en retrayant et recoligant noz sens: pensons et y
entendons. Las douleur est encores se vng peu ce nous aduient tā/
tost apres ceste recolection nous allons et retournons dhors et ne
regardōs pas noz euures ou pensons par droicte epaminacion ne cō
siderons ou gisent noz affections et desirs.   Et pource nous ne pu/
rons point ou corrigeons nostre impurite ou ordure Car pource que
toute chair. Cest a dire les hommes auoyent ordoye leur voye. cest a
dire estoyent ors et corrompus par affection et euure charnelle vint
le grant deluge de la terre au temps de noe. Puis doncques que no/
stre affection interiore est moult corrompue il est de necessite que lope/
racion qui sensuit soit corrompue en demonstrant le deffault de la vi/
gueur et force interiore.   Car de cueur pur et nect vient le fruit de bō
ne vie. On regarde et enquiert trop bien ce que aulcun a fait mais
on ne regarde pas aussi diligemment du quel grant amour intenciō
ou de quel affection il a fait.   On enquiert trop bien et demande se
aulcun est fort bel. riche. habille. soingneup de guaignier bon mar

f iij

chant bon escripuain.bon clerc.bon chantre.bon laboureur.mais on
ne demande pas combien il est humble pacient piteulp doulp debonai
re deuot.et ainsi des aultres vertus de cecy on se taist. Nature regar
de et se eptend aulp biens epteriores comme du corps. Mais gra/
ce se eptend aussi et regarde les biens epteriores de lame et des ver
tus.Nature bien souuent est deceue en ce quelle repute et cuyde estre
bon ce qui est mauluaiz ou moins bon quelle ne cuide Grace a espe
rance et confiance en dieu. Et pource iamais nest deceue:

De soy denyer a soy mesmes et renocer a toute couuoitise mon/
daine. Et est en la personne de dieu nostreseigneur qui enseigne son
amy ou seruiteur.   pppij. chappitre.

Eau filz tu ne peulp auoir parfaicte liberte et franchise
se tu ne renonces de tous pointz a toy mesmes. Cesta
dire a tes desirs et plaisances charnelles et concupisce
ces mondaines. Car tous proprietaires et qui aymet
soy mesmes couuoiteulp.auaricieulp.curieulp qui ne font que aller et
venir et ceulp qui demandent leurs delectacions charnelles nest pas
ce qui plaist a nostre seigneur ihesucrist. Tous telz sont enferrez et
liez et mesmes tous ceulp qui prennent leurs plaisirs en chose qui
nest point estable et permanent cestassauoir es choses mondaines:
Car tout ce nest point de dieu et perira cest adire faulsera. Escoute
et retien finable parolle. Delaisse tout renonce a couuoitise et tu
auras repos pense et traicte cecy en ton cueur. Et quant tu lauras
acomply et mis a effect lors tu congnoistras que cest vray. Lom
me respond. Sire ce nest pas leuure dung iour ne ieu denfans. car
en ceste briefue parolle est enclose toute perfection de religion. Re
sponce de dieu. Beau filz ne te diz pource espouenter ou auoir desi
ance de toy pource se on te dit ou enseigne le chemin de perfectio. mais
pour toy efforcer et prouocquer a ceste perfection aumoins par desir
se tu ne peulp paruenir par effect et euure. Ie vouldroye bien quil te
fust ce aduenu et que tu fusses iusques en cest estat que tu ne te ay
masses pas.mais que tu fusses prest et appareille destre a ma voulen
te et du paire et moiour qui test ordonne de par moy. Car lors ne se

royes tu aggreable et plaisant et tu passeroyes et mainteroys ta vie
en grant ioye et paix de ton cueur Tu as encores plusieurs choses
a delaisser ausquelles se tu ne renonces et les resignes puremēt et sim
plement tu nacquerras pas ce que tu demandes ou desires. Je te
conseille et admonneste que tu tesforces et mectes peyne de achater
de moy lor fin et ambrase affin que tu soyes riche. Cestassauoir sa
pience celestielle et diuine par laquelle tu mespriseras et contempne-
ras toutes choses terriennes et mect arriere ou oublie toute prudē-
ce humaine et aussi propre plaisance. Cest adire de te complaire a tō
sauoir ou a tes euures.

De linstabilite de cueur et dauoir son entenciō
finable en dieu. xxxij. chappitre.

Eau filz ne croy pas de legier a ton affection laquelle
se change et mue legierement en vng aultre. Tant cōme tu vis en ce monde tu es subiect a mutabilite vueilles tu ou non. Car se tu es maintenant ioyeulx tantost apres tu seras triste et trouble. Maintenant deuot puis apres
indeuot. Maintenant laborieux puis apres paresseux. Maintenant bien ordonne et de bel maintien tantost apres tu te trouueras
legier et dissolu. Mais vng sage homme et bien enseigne en espe
rit se ferme et eslieue dessus toute ceste mutabilite et ne cōsidere ou re
garde point ce quil sent ou apparcoit en soy de ceste mutabilite ou de
quelle part vient ceste mutacion de ceste instabilite. Mais mect pey
ne de tout son cueur a fermer et ficher son intention a la fin quil doit
et quil desire cest adire a moy et a ma gloire tout ramener. Et par
ceste maniere pourra la persōne ferme et stable estre et demourer quāt
il aura adressie a moy loeil de son entendement simple par temps di
uers et variante mutacion. Et de tant que loeil de son entenciō
sera plus simple pur et nect a moy de tant sera il plus seur et constant
et ferme entre les variacions. Mais en plusieurs se varie ceste en
tencion tantost quelle voit aucune chose qui luy plaist ou en laqlle il
a son plaisir et delectacion. Et pource trōuue lon pou de gēs qui ayēt
ceste entencion simple et pure et qui ne quierent aulcunement leur

plaisir ou en delectacion de la chair ou en louenge humaine de quelq̃
aultre curiosite. Et en figure de ce nous auons que les iuifz estoiēt
venus en lostel de marthe et de marie magdelene non pas seullemēt
pour veoir ihesucrist quiy estoit loge. Mais aussi pour veoir le la/
dre que ihesus auoit ressuscite. Il fault doncq̃s nectoyer cest oeil de
ceste interiorite et ladresser a moy oultre et hors toutes choses moyē
nes et mondaines. Cestassauoir ce que on fait on face simplement
et purement pour lamour de moy sans auoir intencion ou regard a
aultre fin.

Que dieu plaist et assaueure sur toutes choses a celluy qui par
faictement layme. Et est en la personne de lomme qui parle a dieu
en sa meditacion.   xxxiiij. chappitre.

Eez cy dieu et toutes choses que veulx ie pl’ on q̃ puys
ie aultre chose plus precieuse aymier ou desirer de parolle
sauoureuse et doulce mais cest a celluy qui ayme dieu nõ
pas le monde ne chose qui soit au monde. Dieu est tou
tes choses. Cest assez dit a celluy qui lentend. mais souuent le re/
membrer est doulce chose a celluy qui layme Quant vous sire estes
present toute chose est. Mais quant vous ny estes pas tout y est
a ennuy. Vous faictes la paix au cueur et la grant paix et ioye
et feste. Vous faictes toutes choses et sans vous ne peult rien
longuement plaire.   Mais ad ce quil soit aggreable et plaisant il
conuient que vostre grace soit presentee et de la saueur de vostre sapi
ence soit assauouree. Quelle chose peult mal sentir a celluy quiso⁹
sent. Et quelle ioye ou saueur peult auoir celluy a qui vous ne sen
tez ne odorifferez bon. Mais les sages de ce monde et ceulx a qui la
chair cest a dire les plaisances charnelles sentent et odoriferent bõ
et semblent bonnes faillent en leur sapience et saueur car en ce y a
tresgrant vanite et en ceste est trouuee la mort voire de lame. Mais
ceulx sire qui vous ensuyuent parle mesprisement du monde et des
choses dicelluy et ensuyuent la mortificacion de leur chair sont con/
gneuz et reputez sages. car ilz sõt trespassez de vanite a verite de la
chair et charnalite a lesperit. Et a ceulx cy est dieu piteux et aussi sa
uoureux. Et po’ ce ilz retournent et rapportent a la louēge du create⁹

tout le bien quilz trouuent es creatures Touteffoiz dissemblable et
moult different est la saueur et doulceur de la trinite a la temporali
te. Cest adire de la mutabilite de la creature a la perpetuite du crea
teur de la lumiere non faicte ou cree a celle qui a este faicte et enlumi
nee. O lumiere perpetuelle trespassant toutes choses crees trespas
sant toutes lumieres corruscacions et aultres resplendisseurs. Pu
rifiez. esiouyssez. clarifiez et viuifiez mõ esperit auec toutes ses puis
sances ad ce quil puisse estre conioinct a vous en iubilacions epcessi
ues ou par ioyeuses eleuacions de cueurs O quant viendra celle
benoiste et desiree heure que vostre presence me raffazie et q̃ me soyes
tout en tous Cest adire que en vous possidant iaye toutes autres
choses. car iusques ad ce que ceste chose me sera octroye il ny aura
en moy parfaicte ioye. Las moy dulãt encore vit en moy la vieille
chair cest adire la vieille acoustumãce et nest pas encores toute cru
cifiee ne toute amortie mais encore se combat fort et conuoite contre
lesperit et esmeut assault et guerre par dedens et ne seuffre le royaul
me de mon ame estre en paip. Mais vous sire qui estez seigneur de
la mer qui appaisez les commocions de ces fleuues et tempestes se
courez moy et aidz. dissipes ses gens cest adire les vices q̃ me veul
lent mener guerre et par vostre vertu et puissance les surmontez. cest
adire dunnez moy grace de les surmonter. Demõstrez sire vostre ma
gnificence et soit vostre vertu magnifiee en moy. car en moy na autre
esperance ne aussi nul refuge que en vous sire qui estes mon dieu
mon maistre et aussi mon seigneur.

Que en ceste presente vie nest point de seurte de temptacion. Et
est en la personne de dieu comme dessus.   xxxv. chappitre.

Eau filz tu ne dois iamais estre seur en ceste vie mais
tant cõme tu y viuras tu as besoing et necessite dauoir
armes espirituelles. Tu cõuerses entre les ennemys tu
es assailly et impugne de tous costez a dextre et a sene
stre. Pource se tu ne te scays bien aider et deffendre de lescu de pa
cience tu ne seras pas longuement sans playe ne aussi blesseure.
En oultre se tu ne fiches de tõ° pintz ton cuer en moy et ayes bõne

voulente de tout souffrir et soustenir pour lamour de moy tu ne pour/
ras porter la force et ardeur de temptacion ne attaindre a la couro/
ne des saintz. Il te fault doncques fort et puissamment combatre
et de grant force resister contre tes aduersaires. Car a celluy qui
vainct et surmonte est donnee la doulceur. Et a celluy qui est ne/
gligent demeure la misere et douleur. Se tu quiers et demandes
en ceste vie repos comment cuides tu paruenir a la gloire perdura/
ble. Ne cuydes pas auoir ycy grant repos mais te appareille a
grant pacience. Ne quiers pas ou demãde paix en terre mais es
cieulx nõ pas es hommes ou es aultres creatures: mais seullemẽt
en dieu tout seul. Pour lamour de dieu tu dois voulentiers porter
et souffrir labeur et douleur. temptacions. trauaulx. angoissez. necessi
tez. enfermetez. iniures. detractions. reprehencions. humiliacions.
confusions ou mesprisemens. Car cestes choses et semblables
aident a acquerir vertus et espreuuent les vrays champions de
ihesucrist et forgent la couronne des cieulx. Je rendray loyers par/
durables pour brief labeur et infinie gloire pour honte ou confusion
transitoire. Pense tu auoir tousiours en ce monde a ton plaisir et
voulente les consolacions espirituelles. Mes saintz et parfaitz a/
mys ne les ont pas eues tousiours mais ont eu et soustenues plu/
sieurs temptacions et diuerses griefues et grandes desolacions et
les ont portees paciément. Et en toutes ces choses ilz ont eu plus
confiance en moy que en eulx mesmes. Car il sauoyent que les tri
bulacions et passions de ce monde ne sont pas condignes a desseruir
la gloire perdurable. Veulx tu tantost doncques et presentement
auoir ce que plusieurs a grãt peyne ont peu obtenir a grans labeurs
et par grans larmes et gemissemens. Attens ton seigneur laboure
fort et te reconforte en luy et ne te deffie pas ou ten fuys et depars.
Mais eppose et habandonne constãment ton corps et ton ame pour
lamour de la gloire de dieu.

       Contre les diuers iugemens des hommes:
       xxxvi. chappitre.

       Eau filz iecte et mect fermement ton cueur en dieu et ne
       doubte point le iugement des hommes en ce en quoy ta cõ/

science te rend pur et innocent. Telles choses souffrir et porter est
vng tresbon signe de beatitude.Et ce ne sera pas grief ou fort a cel/
luy qui est humble de cueur qui se confie plus en dieu que en soy.
Plusieurs gens dient plusieurs parolles et pource on ny doit pas
adiouster grant foy ou creance de legier. Et aussi nest pas possible
de satiffaire ou plaire a chescun. Et suppose que saint pol se estu/
diast et efforcast de plaire a chascun et ce fut conioinct a tous cest adi
re se conformast a vng chascun toutesfoiz ne tenoit il pas compte
des iugemens ou estimacions diuerses que plusieurs auoyent ou
disoyent de luy. Il laboutoit et faisoit tant comme il pouoit pour
ledificacion et sauluement des aultres en tant que en soy en estoyt.
Mais toutesfoiz que aulcuns ne le iugeassent et mesprisassent ne
pouoit il euiter ou reprendre. Et pource ilse commetoit et actedoit
du tout a dieu qui congnoissoit et sauoit son cueur et se armoit et def/
fendoit de pacience et de humilite contre les faulces et mauluayses
lengues de ceulx qui mesdisoyent de luy. Et aussi contre les vai/
nes et mensongieres pensees et iugemens que aulcuns faisoyent
en soy vantant pour leur plaisir et voulente. Toutesfoiz aulcunes
foiz illeur respondoit non par impacience ou pour se loer.Mais af/
fin que les simples lesquelz nestoyent pas encores bien fermes ne
fussent pas escandalizes par sa taciturnite. Cest a dire quilz se
fussent pensez quil se fust doubte ou senti coulpable des vices que on
luy imposoit et metoit sur. Qui es tu doncques qui te doubtes
et as paour dung homme mortel.Au iourduy il est et demain ne se/
ra pas Cest adire que on ne le saura ou trouuer. Doubte bien
dieu et tu ne doubteras pas les hommes. Que te peut faire vng
homme ou nuyre par ses parolles ou iniures et villennies quil te
dit il se fait plus de mal quil ne fait a toy. Car suppose que en ce
monde il nen soit pas pugny toutesfoyz ne peult il pas euiter le iu/
gement de dieu quelconq quil soit.Ayes tousiours dieu deuant tes
yeulx et ne estriue pas de parolles come en te deffendat.Et suppose
quil semble que pour le present tu ayes tort et soyes surmote et vain
cu et par ce ayes confusion ou honte et sans cause et que ta conscie/
ce te dye que ne las pas desserui et que tu nayes pas fait ce q on te
impose:toutesfoiz ne te courrouce pas et ne soyes pas indigne pour ce

Car tu pourras pource minuer ou amendrir ton loyer et ta retribu/
cion enuers dieu. Mais regarde a moy cest adire ayes ta confiance
en moy et au ciel. Car ie suis puissant de te deliurer de toute iniure et
villennie et regarde a vng chascun ce quil a desserui.

De la pure et entiere resignacion ou renonciacion de
soy mesmes pour auoir et obtenir parfaicte franchi/
se et liberte de cueur. xxxvij. chappitre.

Eau filz delaisse toy et tu me trouueras Soyes sans
ta propre volente et propriete et tu guaigneras tousiours
Car tantost que tu auras vrayement renōce a toy sās
te reprendre tantost te viendra plusgrāt grace et te trou
ueras purge et nectoye. Et se tu demandes sire quantesfoiz me
delaisseray ie et en quoy me renoncieray ie. Je respons que en tou
te heure et en toutes choses ainsi en la petite que en la grande ie ne
excepte rien. Mais en toutes choses ie vueil que tu soyes desine es
pecialement quant au cueur dedens. Aultrement comme pourras
tu estre mien et moy tien se tu nez premierement despouille de ta pro/
pro voulente et dedens et dehors. Et de tant que tu le feras plus
plainement et nectement et de bon cueur de tāt me plairas tu mieux
et guaigneras plus. Aulcuns voirement renoncent mais ce nest
pas plainement ou nectement quilz ne retiengnent aulcunes choses
ou de leurs propres voulētez ou aultremēt. Car ilz nont pas vraye
confiance en dieu. Et pource ilz se veullent pouruoir en aulcune
maniere. Les aultres sont qui au commencement tresbien renon
cent a tout de bon cueur mais tantost que aulcune temptacion leur
vient ilz sont surmontez et vaincus et ne resistent pas fort ou ne de/
mandent pas conseil ou ne veullent pas croire et pource ne proffitēt
pas en vertus. Et telz ne viennent pas a vraye liberte ou fran/
chise de cueur de ma familiarite se ilz ne renoncent entieremēt et necte
ment et mectent peyne eulx mortifier de iour en iour. Car sans ce ne
peut on paruenir a celle vnion et ioyeuse fruictiō de moy. Je le tay
dit plusieursfoiz et encore de rechief ie le tafferme. Delaisse toy et re
nonce a toy vrayement et tu sentiras en toy grant paix interiore.

Donne tout pour tout. Cestassauoir donne toy pour moy. Ne re/
quier aultre chose ne demande aultre chose et te tien trespurement et
sans doubtance en moy et en ce propos et tu me trouueras et seras
franc et deliure de cueur et tenebres ne tiendront point ad ce tu dois
efforcer de paruenir et de ce dois tu prier dieu et ce desirer et que tu puis
se estre despouille de toute propriete affin que tout nu puysses ensuyr
ihesucrist qui pour toy fut despouille: et mourir a toy et viure en luy
eternellement. Et lors fauldront en toy toutes fantasies super/
flues et mauluaises conturbacions et cures. Lors fauldra en toy
trop grant crainte ou paour et sera mortifiee amour desordonnee.

De auoir en soy bon gouuernement par dehors et
recourir a dieu en tous perilz. xxxviij.chappitre.

Eau filz tu dois diligemment tendre ad ce que en tout
lieu et occupacion ou operacion epteriore tu soyes franc
par dedens et puissant sur toy. Cest a dire que tu ten
puisses oster quant tu vouldras et que les choses de ce mo
de soyent soubz toy non pas toy soubz elles mais que soyes seigne
des tes euures et gouuerneur non pas serf ou vendu. Cest adire
que tu ten puisses oster ou retraire quant tu vouldras ou quantil se
ra besoing. Et soyes vray ebrieu Cest a dire trespassant en la part
et franchise des filz de dieu qui se eslieuent sur ces choses presentes
et considerent les pardurables qui regardent les choses transitoy
res et celestielles permanans de loeil deptre lesquelles entirent par
les choses terrienes par adherece ou amour fichee ou tenat mais
les attrayent a soy et a leur seruice par raison et ainsi quelles y sont
ordonnees de par dieu et selon lordonnance du souuerain euesque qui
en sa creature na riens laisse desordonne. Pareillement aussi tien
toy de tout ce qui te aduiendra non pas seullement en apparence ep/
teriore en regardant ou considerant de loeil du corps seullement ce q
verras et orras. Mais tatost en toutes ses causes ou besoignes en/
tre auec moyse au tabernacle a requerir le conseil de dieu. Cest adi
re recours a orayson en priant nostreseigneur quil te vueille adresser
a son honneur et a ton saulnement et tu orras la responce diuine.

g

Ceft a dire dieu te infpirera ce qui te fera le meilleur et aulcuneffoiz
de plufieurs chofes et prefentes et aduenir.   Car toufiours moyfe
auoit fon recours au tabernacle pour les doubtes et demandes que
on luy faifoit en recourant a orayfon pour auoir aide de dieu contre
les aultres perilz et affaulx que les hommes luy faifoyent. Pareil
lement dois tu recourir au fecret de ton cueur a orayfon en requerant
foigneufement laide de dieu fans laquelle tu ne dois riens prefumer
Car en epemple de ce nous auons que iofue et les enfans difrael
furet deceuz des gabaonites pource quilz creurent trop voulentiers
de faire accord auec eulx et les recepuoir a mercy fans interroguer
et demander la voulete de dieu fur ce et creuret trop de legier aup bel
les parolles et flateries que les aultres bailloyent et en ce furent
deceuz par faulce pitie.

Que on ne foit point importun ou hatif en fes befoignes et que
on ne commence riens fans bon confeil.   xxxix. chappitre.

Eau filz laiffe moy toufiours ta caufe et ie te ordonne
ray et difpoferay en temps conuenable.   Attens toy a
mon ordonnance et tu y fentiras grant prouffit. Helas
fire affez voulentiers me comect et rapporte a vous et a
voftre plaifir. Car par ma penfee ou force puis ie peu prouffiter et ie
vouldroye que ie ne adheraffe pas fi fort cas qui aduiennent: mais
de tous pointz me offriffe a voftre bon plaifir et voulente fans nulle
doubtance. Beau filz fouueteffoiz aduiet q la perfonne penfe fort a
quelq chofe faire et la defire moult: mais quat elle y eft venue et qlle
a obtenu fon defir elle luy ennuye et ny a pas fi grat affection qlle a/
uoit pource que les affections enuers ces chofes terriennes ne font
pas durables: mais fe changet et tournet dug eftat en aultre legie
remet. Ce neft pas doncques pou de chofe fe delaiffer et renocer a foy
mefmes en petites chofes. touteffoiz en foy eft le vray prouffit et perfe
ction de la perfonne abnegacio de foy mefmes. Et celluy qui eft en ce
point eft treffranc et feur. Mais lennemy aduerfaire de tous biens
ne ceffe point de tepter mais iour et nuyt fe efforce denuoyer fortes et
afpres temptacions affin que en aulcune maniere il puiffe decepuoir
et faire tober en teptacion celluy qui neft fur fa garde cotinuellemet.

Et pource nous admonneste nostreseigneur et dit veillez et priez q̃
vous ne cheez ou entrez en temptacion.

Que lomme na de soy rien de bien et ne se doit ou peut de rien glo
rifier pl.chappitre.

Ire quelle chose est kõme que vous auez memoire de luy
et remembrance ou le filz de lomme que vous le visitez. q̃
a homme desseruy que vous luy donnez grace. Las sire
en quoy me puis complaindre se vous me laissez. Ou
que vous puis ie iustement reproucher se vous ne me octroyez ce que
ie vous demande et prie. Certainement ie puis en Verite et sans mẽ
tir penser et dire. Sire ie ne suis rien ie ne puis riẽ ie nay pour moy
rien de bien mais en toutes choses ie suis deffaillant et tousiours
tendz et viens a nyant. Et se ie ne suis par dedens aide et enseigne
tantost seray tout desordonne. Mais sire vous estes tousiours tout
vng et en vng mesme estat perseuerez pardurablemẽt tousiours bõ
iuste saint bien iustement et saintement faisant toutes choses et dis
posant sagement et en grant sapience. Mais ie qui tendz et suis en
clin plus a deffault que a prouffit ne suis pas perseuerãt en vng mes
me estat. Car ses temps se changent et muent sur moy. Toutesfoiz
sire tantost sera et se fera mieulx quant vous plaira et que me bail
lez laide de vostre grace. Car vous seul sans aultre humain suffrai
ge me pouez aider et tellement confermer que mes visaiges cest adi
re mes affections ne soyent plus chãgees ou muees en diuerses cho
ses et que mon cueur en vous et a vous tout seul soit conuerty et la se
repose. Et si sauoye bien chacer hors de moy et resister toute humai
ne consolacion ou pour obtenir et auoir deuocion ou pour necessite qui
me contraint de vous querir et prier. Car il nest aultre personne ou
chose qui me puisse cõsoler. Lors pourroye auoir adroit esperãce en
vostre grace et me esiouyr et reconforter du don de nouuelle consola
cion. Graces soyent a vous sire de qui viennent tous biens. Quan
tez foyz ie suis en bon estat mais ie suis vanite et rien deuant vous
homme inconstant et enferme. De quoy doncques me puis ie glori
fier et pourquoy veulx ie estre repute ou loue sera ce de riẽ. Et est tres
vaine chose et vanite grant vrayement vaine gloire et grãt pestillẽ

ce et mauuaise vanite. Car elle retrait cest adire fait perdre la vraye
gloire et soustrait la grace des cieulp. Car quãt vng hõme se plaist
ou prẽt plaisance en soy il vous desplaist. Et quãt il desire auoir louẽ
ges humaines il est priue des vertus. mais cest vraye gloire et sain=
cte epultacion se glorifier en vous et non pas en soy mesmes. Se es
iouyr en voftre nom et non pas en sa propre vertu et ne prẽdre point
delectacion ou plaisir en quelque creature si non pour lamour de vous
Voftre saint nom sire soit loe non pas le mien. Voz cuures soyẽt
manifieez non pas les miennes. Voftre saint nom soit benoist.
mais a moy ne soit actribue quelque chose des louenges des hõmes
Vous estes ma gloire. Vous estes la ioye de mon cueur. En vous
glorifieray ie tousiours et me esiouyray mais pour moy ou de moy
rien si non en mes enfermetez. Quierent ou demandent les iuifz ou
quelque aultre gloire ou louenge lung de laultre quant a moy ie ne
vueil ou requier seullement que la gloire qui vient de dieu. Car cer
tainement toute gloire humaine tout honneur temporel toute haul
tesse mondaine cõparee a la voftre nest que vanite et folie. O veri=
te q̃ te demande ma misericorde mon dieu benoiste trinite a vo9 sire seul
soit louẽge hõneur vertus gloire par les siecles pardurables. amẽ.

        Eau filz ne soyes pas courrouce se tu voys les aultres
        hõnorez au monde et esleuez et toy estre mesprise et hu=
        mile. Eslieue ton cueur et ton desir a moy au ciel et tu ne
        tiendras compte du contempnemẽt du mõde. Sire no9
sommes en ce monde cy aueuglez et tantoft surprins et deceuz par va
nite. Et touteffoiz se ie y regarde et considere bien iamais ne me fut
fait iniure ou villẽnie de quelque creature dont ie puisse ou doye moy
complaindre iustement encontre vous. Car pource que iay souuẽt
tresgriefuement peche encontre voftre maieste a bon droit se doit esle=
uer et armer contre moy toutes voz creatures et a moy doncques est
due toute confusion et honte. A vous sire soit toute louenge hõneur
et gloire. Et si ie ne mappareille ad ce que ie soye tout prest et vueil
se de bon cueur estre mesprise delaisse et cõtempne de toute creature et
estre repute comme rien ou chose qui rien ne vault ie ne puis estre ra

paise dedens moy et afferme ne aussi estre enlumine espirituellement
ne plainement estre ioinct et vny a vous.

Que on ne doit mettre lesperance de sa paix es hommes cest a/
dire quil ne doit pas souffrir delauoir. p.ij.chappitre.

Eau filz se tu mectz ta paix en aulcune personne pour
toy plaisir ou consolacio y trouuer et auoir tu seras tous
iours instableet empesche pource que souuent les perso/
nes se changent et faillent. Mais se tu as bonne veue
et que tu regardes bien a la permanente et viue verite iamais pour
lamour ou deffault de la creature tu ne seras trouble. En moy donc
ques doit estre lamour de celluy que on ayme et pour lamour de moy
le doit on amer tant semble bon ou chier ou proffitable en ceste vie.
Car sans moy ne vault point ne aussi ne dure pas longuement a/
mour ou dilection a aultruy ne aussi nest pas vraye ne necte lamour
ou dilection qui nest ioincte ou acouplee pour moy Si dois estre ain
si mort et separe de telles affections et dilections des hommes que
quant que en toy est et appartiet silse pouoit faire tu desires estre sas
compaignie daultruy. Car de tant est la personne pres ou prouchai/
ne de dieu de tant quelle se esloigne ou separe plus de la compaignie
et separacion des hommes. Et de tant est lome plus hault et grat
enuers dieu de tant quil est plus petit enuers soy et se repute plus vil
et meschant. Mais celluy qui se repute estre aulcune chose et se at
tribue le bien quil doit en soy chasse hors de soy la grace de dieu et le/
pesche quelle ny viengne. Car le saint esperit demande tousiours
le cueur humble Et se tu te sauoys parfaictement a nichiller et vui
der de toute amour et affection humain et terrie lors tu apparceurois
la grace de dieu en grant habondance descendre en toy. Quant tu
regardes aux creatures tu pers le regard du createur. Apren donc/
ques a toy vaincre et mortifier pour lamour du create et lors tu pour
ras paruenir a la congnoissance de la diuinite. Car se tant soit pou
il aduient que la creature soitamee de toy desordonnement ou desiree
de tant est ceste cognicion de dieu retardee ou viciee.

Eau filz ne tesmeult pas. Cest adire ne prey pas gar
de aup belles parolles ou subtilles sentêces des clercs
de ce monde. Car le royaulme de dieu nest pas ey parol
les. mais par acquerir vertus et faire bonnes euures.
Entens a mes parolles. Cest adire de la sainte escripture qui en/
flamment et enluminent les cueurs et engendrent compunction et
donnent diuerses consolacions. Tu ne dois pas estudier ou appren
dre les escriptures affin que tu soyes repute plusgrât clerc ou plus
sage. Mais affin que tu puisses acquerir mortificacion de tes vices
et passions. Et ce proffitera plus que sauoir grant science ou sauoir
souldre plusieurs grans et difficiles argumens. Quant tu auras
plusieurs grans choses leues et estudiees si fault il que tu retour/
nes a vng cômencement cest dieu. Je suis celluy qmi enseigne a lô/
me vraye science et donne plus clair entendement aup petis cest adi
re aup humbles plus que quelque homme ne le pourroit enseigner
Celluy a qui ie parle sera tantost saige et proffitera moult en lespe
rit. mais mal aduiendra a ceulp q quierét et veullent apprendre des hô
mes plusieurs choses curieuses qui riens ne vallent et sont de peu
de proffit et ne leur chault riey ou pou de sauoir la maniere ou chemiy
de seruir a dieu. Mais le temps viêdra quât le maistre des maistres
viendra le seigneur des angelz qui escoutera les lecons dung chas/
cuy. Cest adire quil epaminera les consciences dung chascuy. Et
lors encerchera iherusalem alenternes. Cest adire quil regardera
tout ce quiest es cueurs et lors seront manifestees les anges et mu
setes de tenebres. Car il ny aura riê qui ne soit descouuert et publie
et ne vauldront riens repliques ou deffenses ou epcusacions. Je
suis celluy qui eslieue ey vng mouuement le cueur humble et lensei/
gne ad ce quil compreigne et congnoisse plus des veritez et raysons
de la foy et de la diuinite que sil auoit estudie dip ans. Je enseigne
sans grant son de parolles. sans confusion oppinions sans orgueil
de honneur. sans impugnacion de argumentacions. Je suis celluy
qui enseigne despriser choses terriênes et abhominer les presentes
querir les pardurables et assauourer. Fuyz les honneurs du môde

Souffrir paciément esandes mectre toute son esperance en moy. ne
desirer rien hors de moy. et moy aymer sur toutes choses ardâment.
Car aulcuns qui en me aymant du parfond du cueur ont aprins
choses diuines et merueilleuses ont presche plus et proffite en delais
sant tout pour lamour de moy q en estudiant grâdes et subtilles sciê
ces. Mais ie reuelle a aulcuns choses cômunes aup aultres choses
spirituelles. A aulcuns par signes et figures doulcement ie me ma
nifeste. Aup aultres en grant lumiere ie reuele les misteres. Vne
mesme woip est es liures. Cest adire vne mesme sentence est es li
ures enclose en lescripture. mais non pas tous ne lentendent pareil
lement. Car ie suis celluy qui par dedens enseigne la Verite qui con
gnois le cueur apparcoys les pensees acheue les operacions distri-
bue a vng chascun comme ie scay quil est digne.

De ne sattribuer point ou approprier les choses
de ce monde.   pliiij. chappitre.

Eau filz il fault que tu soyes en plusieurs choses igno
rant et non saichant et te repute côme mort sur terre et cô
me celluy a qui tout le monde est crucifie cest adire a mor
ty. Il conuient que tu faces en plusieurs choses la sour
de oreille et que tu penses a ce qui sera plus a ta paip. Cest pl' prof
fitable chose de ne regarder pas choses qui peuent venir a desplaisir
et sen destourner et laisser ou se rapporter a vng chascun de son fait q
se mesler en parolles noiseuses et contempcieuses. Se tu te tiés
bien auec dieu et considere bien ses iugemens tu porteras pl' legierement toy estre vaincu. Helas sire a quel estat sommes nous
maintenant deuenus. Veez cy que on se courrouce trop bien dung
petit dommaige temporel en court et laboure lon fort pour vng petit
de gaing terrien. Mais le dommaige espirituel cest adire de lame
tantost est oublie et a grant peyne et bien pou il en souuient. On regarde et considere bien chose qui rien ne vault ou bien pou et on est
tresnegligent a penser ad ce qui est tresnecessaire. Et cest pource q
chascun se laisse couler aup choses epteriores. Et voulentiers on si
tient couche se on ne mect peyne de sen oster ou releuer.

Que on ne doit pas estre legier a croire parolles pource quon
parle bien legierement.   plv. chappitre.

Onnez moy sire aide de la tribulacion. Car le salut ou
aide des hommes est vain.   Côme souuêteffoiz ie nay
point trouue de foy ou de scrite ou ie la cuidoye auoir et
pensoye quelle y fust. Et doncques Saine est lesperance
que on mect es hômes. mais le salut des iustes est en vo' seullemêt
Benoist soyez vous monseigneur et mon dieu en tout ce qui nous
vient.   Nous sommes enfermez et instables et sommes tâtost de
ceuz et changez voire de bonne voulente ou de bon propos.   Qui est
la personne qui se puisse si saigement et si cautemêt garder en toutes
choses qui ne se treuue aulcuneffoiz deceue ou en perlipite ou doubte
de descupule.   Mais celluy qui a confiance en vous sire et vo' quiert
de simple cueur nest pas si legierement deceu.   Et sil aduient quil
tombe en quelque tribulacion en quelque maniere quil soit empesche tantost par vous sera deliure ou aulcunement recôforte.   Car
iamais vous ne laisserez ceulx qui ont esperance en vo'. Les vrays
amys sont bien clers semez qui en toutes tribulacions de son amy
perseuere loyal.   Vous sire estes le loyal et vray amy en toutes
aduersitez.   Et hors vous nen a point de tel.   O comme bien la
sauoura et apparceut, celle sainte ame qui disoit ma pensee mon cue-
mon ame est affermee et fondue en ihesucrist.   Si ceste chose fust
ainsi en moy: crainte ou paour humaine ne me soliciteroit pas sile-
gierement ne aussi les parolles ne esmouueroyent.   Qui seroit cel
luy qui pourroit escheuer les maulx qui luy sont aduenir se mesme
ceulx quon prenoit cest adire ceulx quon actent et scet quilz aduien-
dront blecent et font mal.   Que peuent faire ceulx qui soubdaine
mêt aduiênêt et que on ne cuydoit ou actendoit pas fors que grief-
uemêt blecer et troubler. Mais pour quoy ne me suis pourueu mieulx
moy meschant et pourquoy ay ie si tost creu es parolles des aultres
Mais nous sômes et riens aultre chose ne sômes mais q hômes
fresles et enfermez suppose q on nous repute ou estime âges ou saitz
A qui croiray ie sire fors a vous qui ne pouez decepuoir ne estre deceu. Et dautre part tout hôme est mête' enferme istable et fragille.

Cest adire prest et enclin a cheoir et faillir mesmement en parolles
et tellement que apeyne peut on de legier croyre on reputer Verite ce
qui semble que on dit de Bouche. Quant saigement nous admone
stez Vous par Voftre eftcripture a nous garder des hommes Car les
domeftiques ceft adire la famille ou maifgnie dung luy font aucu/
neffoiz fes aduerfaires. Et ne croire fe aucun difoit. Vecz cy ihefu
crift eft icy ou il eft de lautre part ie lay apperceu et a mon dommaige
Puiffe eftre ma plufgrant garde et cautelle dresenauant et non pas
mon ignorance. Soyes cault dift aulcun Soyes cault et garde
et aduife en toy ce que ie te dis ceft adire regarde deuant que tu par/
les. Car aulcuneffoiz il fe Bault mieulx taire et ne dire pas ou re
ueler ton fecret. Ceftuy qui lauroit ouy et receu come fecret et pro
mis de le tenir fecret ne le peult taire ou celer que tantoft ne le reuele
mais tantoft manifeft en moy et luy non eftre pas bien faige de telz
confabulacions et gens ainfi non fiables. Donnez en ma bouche
parolle Vraye et ftable et efloignez de moy mauuaifes lengues ce q
ie ne Veulx point que on faice dois ie euiter de faire a aultruy. O que
ceft bonne chofe et de grant paix fe taire et garder de parler daultruy
et ne croire pas indifferamment ce que on oit dire et ne parler pas le
gierement ne foy reueler a peu de gens et Vous fire querir et demader
toufiours en gardant le cueur et ne fe transporter pas en tout Vent de
parolles. Mais defirer et dedens et dehors eftre ordone felon Voftre
bon plaifir et Voulente. O comme eft feure chofe pour la conferuan/
ce de la grace de dieu euiter humaine apparence et ne Vouloir pas fai
re chofes qui foyet merueilleufes par lefquelles on puiffe eftre loue
ou auoir grant nom. mais enfuyuir et defirer de toute fon entencion
ce par quoy on peut amender fa Bie et acquerir feruer de deuocion en
dieu. O comme plufieurs ont efte a qui a efte nuyfible ce que on fa
uoit de leur Vertus et qui de leurs propres bouches Vantoyent et ep
aulcoyent leur euures. Mais par le contraire eft tresproffitable gar/
der en foy fes Vert9 et les taire en cefte Bie mortelle qui eft toute plai
ne de temptacions et affaulx de noz ennemys et aduerfaires.

De auoir confiance en dieu quat furuiennet les affaulx et faiec tes & dures parolles. plvi.chappitre.

Eau filz tien toy fermemēt et stable et ayes esperāce en
moy Quelles choses sont parolles si nō parollef qui vol
lent en l'air. Mais elles ne blecent pas la pierre cest adi
re celluy qui est dur et ferme cōme vne pierre. Se tu te
sens coulpable de ce que on te dit et reprouche. pense de toy voulētiers
et de bon cueur amender. Se tu ne te sens point coulpable pense de
le porter paciēment pour l'amour de dieu. Se tu ne peuz aulcunessoiz
porter vng peu de parolles comment porteroys tu ou souffreroys vne
bateure ou vne aultre tribulacion. Et pour quoy pense tu que si peu
de choses comme parolles te touchent si fort au cueur et te courrou/
cent si aigrement fors pource que tu es encores charnel et mondain
et desire plus la gloire des hommes que de dieu pource que tu te doub
tes estre reprins de tes deffaultes. Et se on te reprent tātost tu vas
querir epcusacions vmbratiles. Et se tu le veulp bien regarder de
pres tu trouueras que le monde Cest adire que les affections du
monde viuent encores en toy et le vain desir de plaire aup hommes
Car puis que tu doubtes estre reprins et corrige de tes deffaultes.
il appert que tu nez pas vrayement mort au monde ne le mōde cru/
cifie enuers toy. Mais escoute et enten bien mes parolles et tu ne
tiendras guaires de compte de dip mille parolles des hommes.
Considere se tout le monde te imposoit toutes les parolles et mē
teries que on pourroit malicieusement faindre et controuuer que te
pourroyent elles nuyre se tu les laissoys passer ou parler. nyāt plus
que se tu voys vng petit festu deuant toy. Te pourroyent ilz par
leurs parolles oster vng petit cheueul de ta teste certes non. Mais
celluy qui na pas le cueur en soy cest adire qui la au monde par affe
ction et qui na pas dieu deuant les yeulp de legier se courouce pour
vne petite vituperacion. Mais celluy qui a sa fiance en moy et son
affection et ne veult point soy affermer en son propre iugemēt et tous
iours sans espouuentement humain cest adire na point paour des
hommes. Je suis le vray iuge et qui congnois tous les secretz. Je
scay cōme la chose a este faicte. Je cōgnois celluy a qui elle a este fai
cte de moy est la chose yssue et partie par ma permission la chose est

aduenue ad ce que les cogitaciõs et pensees des cueurs fussent re-
uellees et manifestees. Cest adire la bonne voulente et pacience de
celluy a qui on fait tort et la mauuaitie de celluy qui le fait. Mais ie
iugeray celluy qui est coulpable qui fait ou dit la villennye et celluy
qui est innocent a qui on la faicte. Mais iay voulu premierement es-
soyer lung et lautre par secrette probacion. Le tesmoignaige des hõmes est souuent foible et decoit. Mais le mien est tousiours vny ferme et estable et ne peut estre corrompu iacoit ce quil soit occult eta peu
soit appert ou manifeste cest adire la cause pour quoy est ainsi fait.
Toutesfotz iamais nest faulx ne errant ne aussi ne peut errer iacoit
ce que a plusieurs ne semble pas estre bien ne quil soit bien fait.
On doit doncques a moy recourir en toute tribulacion quil aduient-
gne soit a soy soit a aultruy et ne croire pas a son sens ou a son aduis ou iugement. Car vng iuste ou vne bonne personne iamais ne
se trouble ou courouce quelque chose qui luy aduiègne suppose mesmes que a tort et sans cause on luy face ou dye quelque chose cõtre
luy il ne luy en chault pas moult. Et sil aduiẽt que les aultres sey
cusent raysonnablement il ne sen esioyra pas fort. Car il scet et pẽ-
se en luy que ie suis celluy qui congnoys le cueur et lintenciõ de chesy
cun et qui ne iuge pas selon la faice ou lapparence humaine par dey
hors. Car souuentesfoiz deuant moy est trouue coulpable et mauly
uais ce qui deuãt les hõmes est repute bõ ét iuste. O mõseigneur
et mõ dieu iuste fort et paciẽt qui sauez et cõgnoissez la fragilite des
hõmes soyez ma force et toute ma fiance. Car ma conscience ne me
souffist point. Cest adire pource que ie ne treuue ou apparcoy point de
peche en moy il ne me doit pas suffire pour me reputer nisce. Car sire vous me cõgnoissez et ie ne me cõgnoys pas. Et pource sire en
toute reprehencion ou correction cest adire tribulacion que pour ma
correction vous menuoyez ie me doy humilier et porter paciẽmẽt. Si
me vueillez sire pardonner toutes les foiz que ie ne lay pas ainsy
fait et vous plaise de me dõner grace dauoir plus grãt pacience doresy
enauãt car mieulx me vault vostre grãde misericorde pour auoir pary
dõ et remissiõ q̃ ne fait ma iustice cuyde pour la deffece de ma cõsciẽce mu
cee ou q̃ nest pas manifestee. et suppose q̃ ie ne me sẽte pas coulpable
daulcũe chose toutesfoiz en ce ne me puis ie iustifier ou reputer iuste

Car se vous ostiez vostre misericorde il nest homme viuant qui fust
iuste deuant dieu.

Que on doit porter voulentiers en ce monde toutes griefuetez et
tribulacions pour la vie pardurable.   lvij. chappitre.

Eau filz garde toy que les labeurs que tu as comme
cez pour lamour de moy ne te rompent ou surmontent.
Cest adire que tu ne les laisses pas sans acheuer et q̃
les tribulacions que ie tenuoiray ne te abatent pas de
tous pointz. Mais ma promission et esperance en moy te doit effor/
cer et reconforter.   Je suis souffisant a rendre a vng chascun plus
quil ne me veult desseruir.   Tu ne laboureras pas icy longuement
et ne seras pas icy en douleurs. Actens vng bien petit et tu verras
la fin de tes maulx.   Leure viendra quant le tumulte ou la noise de
tes labeurs et douleurs cessera.   Tout ce est brief qui passe auec/
ques le temps.   Fais doncquez ce que tu faiz loyaulmẽt en labou/
rant en ma vigne cest adire en ta conscience ou en sainte esglise et ie
seray ton loyer et retribucion.   Occupe bien ton temps cestassauoir
a escripre a lyre a chanter cest adire en faisant loffice diuin en leglise
et en plourant pour tes pechez et garde ta silence en priant dieu ou
ses sainctz.   Porte paciemment et virelement choses contraires a
la sensualite soyent de dieu enuoyez ou des hommes et a telz euures
et plus grant est digne retribucion la vie pardurable.   La paix vien/
dra en quel iour que nostreseigneur scet bien. Et lors sera iour non
pas tel comme les iours ou les nuyz du siecle.   Mais sera lumiere
pardurable clarte infinie paix affermee et seur repos.   Tu ne diras
pas lors. Las qui me deliurera de ce corps mortel et ne crieras point
Las car mon pelerinage est esloigne.   Car la mort sera surmontee
et abatue et sera salut sans faillir nulle aupiete benoiste iocundite.
doulce et plaisante compaignie. O se tu auoys veues les courõnes
des sainctz de paradis et comme grant est la gloire et ioye quilz font
maintenant qui pour lors quilz estoyent en ce monde estoyent repu
tez contẽtibles et mesprisez et comme indignes de viure pour certain
tu te humilieroys iusques a terre et desiroys plus tantost estre sub/
iect a tout le monde que estre maistre et seigneur dung seul. Et ne de

sieroys wint les ioyes de ce mõde ou les plaisances.mais tesiouy/
roys plus a auoir tribulacion pour lamour de dieu et cuideroys a toy
estre ung grant gaing et proffit se on te Vilipendoit et reputoit en ce
monde côme chose de nyant et qui rien ne Vault.Et se ces choses
tassauouroyent bien au parfond du cueur iamays tu ne te oseroys
complaindre Vne seulle foiz de quelque chose que soit. Ne deuroit
on pas porter et souffrir toutes choses pour la Vie pardurable ac/
querir. Ce nest pas petite chose de guaigner ou perdre le royaul/
me de dieu. Lieue doncques ton cueur au ciel au quel ie suis et auec
moy tous mes saintz qui en ce siecle ont eu et souffert po² lamour de
moy grãs assaulx et maintenãt ilz se esiouyssẽt et sõt cõsolez.Main
tenant ilz sont en seurte et repos et sans fin auec moy au royaulme
de mon pere sont et demourront.

Du iour de la pardurabeleté et de la briefuete de
ceste Vie.   plViij.chappitre.

Tresbenoiste mansion de la cite souueraine le trescler io²
de la pardurableté ou eternite laquelle ne obscurcist poit
lanuyt mais tousiours est en lumiere.La Verite souue/
raine io² tousiours ioyeulx tousiours seur et iamais ne
change son estat au contraire. O que ie desiroye que ce iour resplẽ
dist maintenant et que toutes ces temporalitez et mutacions eussẽt
prins fin Elle luyt et resplandist aus saintz par clarte perpetuelle
ou pardurable. Mais non pas en terre si nest par signes ou par si/
militude et au mirouer des creatures qui representẽt et font cõgnoi/
stre leur createur. Les citoyens ou les habitans du ciel sceuent et
congnoissent comme est ioyeulx ce iour quilz ont.Les filz de eue epil
lez et bannis despleurent comme amere et ennuyeuse est ceste nuyt cy
Les iours du temps de ce mõde sont petis briefz mauluais plains
de douleurs et dangoisses esquelz lomme est ordoye de plusieurs pe/
chez empesche de diuerses passiõs estraint de diuers paours et crain
tes descendu de diuerses cures. Distrait par plusieurs curiositez.
Implique en Vanitez enuironne de diuerses erreurs charge de diuer
ses paines et labeurs.greue de temptaciõ.affoibly par delicestour

h

mente par pouurete. O quant fera la fin de fes labeurs quāt ie feray
deliure de cefte miferable feruitude de Uices et de pechez. O quāt au/
ray ie feullement ma penfee fichee en Uous fire. Quant me efiouy
ray ie plainement en Uous. Quant feray ie fans quelconque em/
pefchement de la Uraye liberte fans quelque greuance dame et de
corps. Quant fera cefte paix ferme. Paix qui iamais ne fe pour
ra troubler et feure paix dedens et dehors. paix ferme de toute part.
O benoift ihefus quant feray ie a Uous Uoir. quant contempleray
ie la gloire de Uoftre regne. quant me feres Uous toutes chofes. quāt
feray auecques Uous en Uoftre regne que Uous auez appareille a Uoz
amys de toufiours. Ie fuis delaiffe poure et banny en la terre de
mes ennemys ou font affaulx toufiours et trefmalles auentures
et grandes. reconfortez moy fire en mon banniffement et appaifez
ma douleur. Car a Uo' foufpire tout mō defir car tout meft a charge
et a defplaifir. tout quant que le monde me offre et prefente pour con
folacion. Ie Uo' defire auoir dedens moy. mais ie ne Uous puis auoir
Ie defire de me adioufter es chofes celeftielles et fpirituelles. mais
les téporelles et auffi les mondaines me depriment et les paffions
qui ne font pas encores mortiffiees ie Ueil de cueur eftre fur toutes
chofes et ie fuis malgre moy fubiect a ma chair. Et pource ie mef/
chant combatz contre moy mefmes et fuis fait grief et defplaifant
a moy mefmes en tant q̄ lefperit defire eftre fur la chair le trait a ter/
re. O comme ie feuffre dedens. Car du cueur ie Ueil penfer aux
chofes diuines. Et tantoft la mon orayfon fe oppofe et Uient au
deuant la cure et foing des charnelles. O mon dieu monfeigneur
ne Uous efloignez pas de moy ne Uous departes pas de Uoftre ferf
en ire. fulgures coruſcacions et les diffipez. Ceft adire efpouen/
tes par Uoftre puiffance mes ennemys et les deftournez de moy. En
uoyes Uoz faiectes affin q̄ toutes les fantafies de lennemy foyent
deftourbees. Ceft adire faites moy entendre tellement les parol/
les faintes de Uoftre efcripture et de Uoz cōmandemens que ie puyffe
fes fantafies et euagaciōs de cueur furmōter et recoliger ceft adire
donnez moy grace de Uous recoliger et oftermes fens des affectiōs
mondaines et terriēnes q̄ ie puiffe oublier toutes chofes mōdaines
Donnez moy grace que ie puiffe tantoft regicter et mefprifer les

fantasies des vices. Secourez moy pardurable verite tellement q̃
en moy ne soit point demoure de vanite. Venez o telle suauite et se
departe et fuye toute impurite. Et me pardonnez sire certainement
et piteusement toutes les foiz que ie penseray en oraison ne aultre
chose quen vous. Car ie confesse vrayement que iay acoustumede/
stre trop fort distrait et vague. Car bien souuent la ou ie suis corpo
rellement ie ne suis pas espirituellement. Cestassauoir de cueur et
de pensee mais suis aultre part ou ma pensee me porte et elle est sou/
uent la ou est ce que iayme et desire et ou est mon affection. Tantost
me vient au deuant ce qui me plaist naturellement ou ce en quoy iay
acoustume de prendre ma plaisance. Et pource sire qui estes verite
et ne pouez mentir dictes veritablement que le cueur de lomme si est
la ou est son tresor cest adire son amour et son affection. Se iayme
le ciel et choses diuines ie pense voulentiers et parle des choses cele
stielles et espirituelles. Se iayme le monde ie parle du monde et
mesiouys de la felicite du monde et me contriste et courrouce de laduer
site dicelluy. Se iayme la chair ie ymagine et demande choses plai
santes a la chair Se iayme lesperit ie me delicte et prens plaisir aux
choses de lesperit. Car quelconque chose que iayme ie prens plaisir
a en parler et ouyr parler et porter voulentiers en mon cueur ymagi
nacions et pensees de telles choses. Mais bien heureux est celluy hõ
me qui pour lamour de vous sire a toutes creatures a donne licence
et congie de son cuenr. Cest adire a boute hors les affections et qui
fait force et violence a sa nature et par ferueur desperit et amour a
vous crucifier toutes les concupiscences charnelles ad ce quil vous
puisse offrir et faire pures et nectes oraysons de cueur et de conscience
paisible et pacifiee tel est digne destre auec les angelz toutes affecti
ons et plaisances mandaines et terriennes hors mises et boutees.

Du desir de la vie pardurable et que grans biens sont promis
a ceulx qui bien contre lennemy se combatent.   plix. chappitre.

Eau filz quant tu sens le saint esperit desire la vie pardu
rable estre respandue en toy cestassauoir en ton cueur et
tu vouldroys bien yssir hors. Cest adire ton ame du ta

H ij

bernacle de ton corps pour contempler et sauourer mieulx ceste beaul
te et clerte sãs lombre de ceste vicitude et variacion que tu seuffres
maintenant. Dilate fort ton cueur et ton desir Cest adire tien toy
le plus que tu pourras en cest estat et te enflamme et embrase en ce
ste amour en boutant et chassant hors de toy toutes aultres cures
et plaisances exterieores. Et de tout ton desir et amour arrose ceste
sainte inspiracion et la recoys humblement en rendãt graces a dieu
et mercy a sa bõte diuinee qui la ta donne et par dignacion et miseri
corde tout ce fait et piteusement te visite ardamment te epite.puissã
ment te subliue ad ce que ta propre fragilite et par ta pesanteur ne
tombes et descendes en ces terriennetez cest adire affections terriẽ
nes. Car ce ne vient pas par ta force ou de ton industrie. Mais
par la seulle bonte et dignacion de la grace de dieu et de son regard af
fin que tu proffites plusfort en vertus et en humilite et que tu te ap
pareilles aux aultres qui te viendront apres et que tu te deffendes
et resistes mieulx quant tu auras vng peu goute et assauoure le lou
yer et retribucion que tu en attens et affin aussi que plus seruam
ment tu te pignes a moy de tout le desir de ton cueur et plus ardam
ment et diligemment tu te estudies a me seruir. Beau filz ainsi cõ
me le feu si art et touteffoiz laflambe ne monte pas en hault sans
fumee. Pareillement les aulcuns ont bons desirs et feruens ou
semblablement enflammez et touteffoiz ne sont ilz pas seurs et deli
urez des temptaciõs des affections charnelles et terriennes de tous
pointz ce quilz font non pas purement pour lamour de dieu. Laquel
le chose touteffoiz ilz desirent et requierent et demandent. Tel est ton
desir lequel souuent tu te plains estre si importun car ce nest pas pur
ne parfait desir qui est ordope de ton propre et vtilite. Et pource prie
et demande non pas ce qui test a plaisir et proffitable. Mais ce qui
mest aggreable et a mon honneur Car se tu iuges bien et adroit tu
dois preferer mon ordonnance a ton desir et ad ce que tu desires et la
doys ensupr. Je scay bien et congnois ton desir et ay ouy souuent
tes gemissemens que tu vouldrois ia estre en la liberte de la gloire.
Mais encores nest pas leure venue.Aincoys encore il ya vng aul
tre temps Cestassauoir le temps de bataille de labeur et de tribula
cions au quel te conuient esprouuer. Tu desires y estre remply de

tout bien souuerain.mais tu ne le peuz pas encores auoir.Se suis
ie et me actens dist nostreseigneur iusques ad ce que le royaulme de
dieu soit venu. Il te fault encores esprouuer en terre et en ce monde
et epcerciter en plusieurs choses. Tu auras aulcuesfoiz quelque
consolacion mais elle ne te vauldra pas saciete planiere. Reconfor
te toy doncques et te tien fort et ferme tant en labourant comme en
soustenant choses contraires a ta voulente. Il te conuient faire
nouuel homme estre change en aultre personne. Il te fault souuēt
faire ce que tu ne veulp pas et delaisser ce que tu veulp.Ce que plai
ra aup aultres sera acomply. Et ce qui te plaira demourra impar∤
fait.Ce que les aultres demanderont leur sera baille. Et tu nau∤
ras chose que tu demandes. Les aultres seront reputez grans et
loez deuant les hommes mais de toy on ne dira mot. Les aultres
seront reputez proffitables et vtiles a faire ceste chose ou quelque
aultre.Mais on te reputera ou iugera inutile a quelque chose que ce
soit.Pource et par telles choses seras tu souuent contriste.mais ce
sera grant proffit a toy se tu te tays et le portes paciemmēt.En ces
choses et semblables est acoustume destre prouue le loyal seruiteur
de dieu comme il se doit denyer et vaincre en toutes choses et ny a ql∤
que chose en quoy tu ayes plusgrant besoing de mortifier comme en
voir et souffrir choses contraires a ta voulente et mesmement quāt
on te demandera choses esquelles te sēblera quil ny ait point de prof
fit.mais grant dommaige et sans raison.Et pource que tu noseras
resister ou contredire plusgrant de toy car tu es subiect a aultruy.
Pource te semblera dure chose ainsi de tous pointz faire la voulen∤
te daultruy et mectre hors ton propre sens et voulente. Mais pense
vng peu au fruit de tes labeurs desquelz lafin est briefue.Mais le
loyer est tresgrant Et tu ny auras point de griefuete ou paine mais
te sera tresgrande consolacion et reconfort a ta pacience. Et pour
vng pou de ta voulente que tu y delaisses de ton bon gre tu auras per
petuellement franche voulente es cieulp car la tu trouueras ce que
tu vouldras et tout le bien que tu pourroyes desirer et plus encores
La te sera present la faculte et puissance de tout bien sans paour ou
crainte de la iamais perdre. La ta voulente sera tousiours conioin
cte a la mienne sans la conuoiter ou desirer quelque chose estrange

h iij

ou foraine et priuee ceft adire quelle ny ait tout prefent La nul ne te
refiftera ou contredira nul ne fi cõplaindra de toy ou te accufera nul
ne te éuefchera ne te refiftera að ce q̃ tu Souldras faire on auoir ce q̃
tu Souldras auoir Mais tous tes defirs feront acomplis et toutes
affections et Soulentez faoulees et remplies iufques a dire ie neſ
Sueil plus. La ie rendray gloire et honneur pour les iniures et Vil
lennies q̃ on a fouffert et portees. Louenge et epultaciõ pour pleurs
et lermes pour le dernier lieu ou fiege que on a eu en ce monde ceft a
dire pour la humilite et dilection le fiege du regne perpetuel La fe de
monftre le fruit de obeiffance. Le labeur de penitence et trifteffe fe ef
iouyra. Lumble fubiection fera glorieufement couronnee. Or donc
ques maintenant encline toy humblement foubz la main de tous
et nappren pas ou foyes curieup de regarder ou fauoir qui a fait ou
dit cecy ou cela. Mais fouuerainement ayez cure et foing que ce ceft
en ton prelat ou efgal pareil ou moindre de toy qui te demãde ou dye
quelque chofe pren tout en bien feullement et te eftudie de lacomplir
de bon cueur et franche Soulente. Demãde ceftuy cy ce quil Souldra
et lautre ce que mieulp a luy plaira. car on fe glorifie lung en lung
lautre en lautre loer mille milliers de foiz. mais efioys toy en ce q̃ on
te mefprife et condempne et en ce que mon plaifir foit fait et mon hõ
neur garde ce dois tu defirer que foit par mort foit par Vie dieu foit
en toy glorifie et loue.

Que lomme quant il eft en defolacion fe doit offrir et prefenter a
dieu. Et eft par maniere dorayfon ou meditacion. l. chappitre.

Onfeigneur et mon dieu et pere faint Sous foyez loue et
benoift maintenant a perpetuite. Car ainfi quil Sous
a pleu a efte fait et tout ce que Sous faictes eft bõ et bel
Maintenant fefiouyft Softre feruiteur en Sous. Car
Sous tout feul eftes ma ioye et lpeffe mon efperance et ma couronne
Sous eftes fire ma ioye et mon honneur. Quelle chofe peut auoir
Softre feruiteur fors ce quil a receu de Sous mefmemẽt fans fon meri
te. Tout eft Softre fire ce que Sous luy auez fait et donne. Je fuis
poure en paines et labours des ma ieuneffe. Et mon ame eft aul

cuneffoiz contriftee et courroucee iufques aup lermes aulcuneffoiz
troublee en foy pour les diuerfes paffions que luy furuiennent. Je
defire la ioye de paip. ie requier et demande la paip de voz enfans qui
font peuz et nourris en la lumiere de voftre confolacion. Sire vo?
plaife a moy donner paip et a enuoyer voftre fainte ioye et epultacio
Lame de voftre feruiteur fera remplie de modulacion et deuote en vo
ftre louenge. Mais fe vous vo? fouftrayez et effoignez comme vo?
faictes fouuet elle ne pourra courir la voye de voz commandemens
Ceft adire elle ne pourra ioyeufement acomplir voftre voulente et
voz commandemes ains fera pluftoft humiliee a batre fon pys ou
coulpe Ceft adire deura pluftoft plourer et gemir. Car il ne luy fera
pas fi duifp come hier ceft adire come par auant quant la lumiere de
voftre grace refplendiffoit fur elle et que elle eftoit defcendue foubz
les helles de voftre grace contre les temptacions qui laffailloyent
O pere faint digne deftre toufiours loue. Leure eft venue que vo?
ftre poure feruiteur foit poure chier et ayme. Sire ceft digne chofe q
voftre feruiteur aulcune chofe feuffre pour vous pere perpetuellemet
a reuerer et honnourer. Leure eft venue que vous congnoiffez et fa
uez des le comencement que a peu de temps voftre poure feruiteur ne
foit furmonte mais vous plaife quil viue toufiours pour foy deuat
vous vng peu villipender et mefprifer humilie et deffaillant deuant
les homes foit contrict et remply de paffios et langueurs ad ce que
de rechief auec vo? foit refufcite et refcue a laube du iour de la nou
uelle lumiere et glorifie es cyeulp. Pere faint vo? lauez ainfi ordo
ne et ainfi vo? a pleu et ce vo? a efte fait q vous auez commande.
Et ceft eft la grace a voftre amy ceft adire ie repute q vo? me fai
ctes grace q ie foye triboulle et q ie feuffre en ce monde pour lamour
de dieu. Et par quatteffoiz de qlcoque chofe vo? parmectez ce eft fait
fans voftre cofeil et prouidece et fas caufe neft tres fait en terre Et
meft grat bie fire et grat prouffit q vo? mauez humilie affin q iapprei
gne voz iuftificacios ceft adire voz comandemes qui iuftifiet la per
fone ad ce q ie boute hors de moy toutes prefuptios et elacios de cue
il meft prouffitable q cofufion et honte a couuert ma face ad ce q ie re
tourne pluftoft a vo? pour auoir cofolacion et cofort q aup hommes
Certainemet fire iay par ce apprins a doubter et craindre voftre iu

gement occult et instructable qui affligez et pugnissez aussi biē le iu/
ste comme le pecheur. mais non pas sans graut equite et iustice. A
Uous rēdz graces et mercys sire que Uous ne mauez pas espargne
en mes pchez et maulp mais mauez corrige et pugny par ameres
Bateures en me donnant douleurs et menuoyāt engoisses et delyrs
et deains cest adire en corps et en ame. Jl nest qui me puisse consoler
ou reconforter de toutes les choses qui sont soubz le ciel fors Uous
sire mon dieu et monseigneur celeste medicin des ames qui naurez et
guarissez les ames nees prez denfer. Cest adire Uous humiliez au
plus Bas et releuez Uostre discipline cest adireUostre correctiō sur moy
et Uostre Uerge cest adire Uostre Bateure ma enseigne. Ueez cy mō
ayme pere et createur ie suis en Uoz mains ie mencline soubz la Uerge
de Uostre correctiō battez et frappez sur dos et sur teste et quelque part
quil Uous plaira ad ce que ie puisse redresser ma tortuosite a Uostre
plaisir et Uoulente faites moy Uostre doulp et humBle disciple ainsi
que bien sauez et auez acoustume de faire affin que ie chemine. Cest
adire que ie Uiue selon Uostre plaisir. A Uous sire ie me recomman
de a corriger et tout quant que iay. Caril Uault mieulp estre corrige
en ceste Uie que estre pugni en lautre. Uous sauez sire tout en cōmun
et en particulier et riē nest en la conscience de lomme qui peult estre
mucie ou cache de Uous. Uous sauez qui est aduenir deuant quil
soit fait et il ne Uous est point Besoing ou mestier que on Uous ensei/
gue rien ou que on Uous faice souuenir des choses qui sont faictes
en terre. Uous sauez ce qui mest eppedient et prouffitable et pour
mon prouffit et combien mest Besoing de tribulaciō pour oster et pur/
ger fordure de mes pchez. Faictes a moy et de moy selon Uostre plai
sir et desir et nayez pas en despit ma Uie orde et paresseuse qui nest a
quelque aultre mieulp congneue ou sceue que a Uous seul. Donnez
moy sire sauoir ce que me fault sauoir aymer ce qui est a aymer. loer
ce qui Uous plaist souuerainemēt et aprecier ce qui Uous est precieup.
et mespriser et Blasmer ce qui deuāt Uoz peulp est oze et mesprise. Ne
Uueillez pas q̄ ie iuge selō la Uanite des peulp du corps tāt seullemēt
ou q̄ ie dōne la sentēce selō le rapport des folz hōmes de ce mōde. mais
q̄ ie puisse Urayemēt discerner et en Uray iugemēt des choses UisiBles
et inuisiBles et sur toutes choses enq̄rir le bō plaisir de Uostre Uoulēte

Car souuent les sens des hommes sont deceuz en leurs iugemens
Ceulx aussi qui mectent leur amour et affection es choses de ce mõ
de sont deceuz en aymant tant seullement les choses visibles cõme
aulcun meilleur ou plus grant pource que vng aultre le repute ou
iuge tel. Vng trõpeur deçoit vng aultre trompeur se il le paulce ou
loue. Aussi vng orgueilleux vng aultre orgueilleux vng aueugle
vng aultre aueugle vng malade vng aultre malade vng boyteux
vng aultre boiteux et veritablement de tant plus le deçoit et confõd
Cest adire luy fait plus de honneur que il le loe follement. Car
comme dit humble saint francoys. Aussi grant est la personne et nõ
plus que il est deuant dieu.

Que on se doit tousiours en humbles euures occupper quant
en deffault de grans Cest adire que se vne personne ne se sent pas
la grace de dieu de faire grans euures pour cela ne doit pas laisser a
bien faire selon la grace que dieu luy donne. li.chappitre.

Eau filz tu ne peuz pas estre en grant ferueur desperit
ne en grant desir de vertu ou en hault degre de cõtempla
cion. Mais necessite test que aulcunesfoiz tu descédes en
bas pour la nature de la corruption humaine et que tu sé
tes et portes vueillez ou nom lennuy et charge de ceste vie corrupti
ble tant longuement que tu es en ce corps mortel tu sentiras ennuy
et grieuete de cueur. Il fault doncques que souuentesfoiz tu recou~
gnoisses en ceste chair empeschement et en ayes desplaisir et doule²
de ce que tu ne peuz ainsi continuellement vaguer aux occupacions
et meditacions espirituelles que tu vouldroys et que besoing te se~
roit. Il fault doncques que tu te occupes et exercites en hũbles
et exteriores bonnes euures et en prens pourlors aulcune recreaciõ
en actendant humblement mon aduenement et la visitacion de la
grace diuine en ferme confiance et esperance en portant paciemment
ton exil Cest adire ceste vie et larridite ou durte de cue² iusqs ad ce
q de rechief ie te deliureray de toutes ces aupietez. car lors ie te feray
oublier tous labours et estre en vray repos de cue² et te espandray
les pz de la saite escripture. cest adire feray clercs et manifestes qlcõ

ques doubtes ou scrupulosites tellement que au cueur soyeulx et dilate en amour et charite tu couures les voyes des comandemens de
dieu. Cest a dire quilz te sembleront si legieres et raisonnables que
tu prendras grant plaisir a les acomplir Et diras que les tribulacions paines et labeurs de ceste vie presente ne sont pas dignes a
la gloire et retribucion que nous actendons en lautre monde.

Que lomme ne se doit pas reputer digne de quelque consolaciõ
ou reconfort mais plus de pugnicion et affliction. lij.chappitre.

Oy dieu et monseigneur ie ne suis pas de voftre consolacion digne ou visitacion espirituelle. Et pource sire
vous faictes tres iustement quantvous me laissez poure
et desole. Car se ie fondoye tout en larmes cõme lamer
est plaine deaue encores ne seroys ie pas de voftre cõsolacion digne.
Car ie ne suis digne que de flagellacion et de pugnicion. Car ie
vous ay tant defoiz et si griefuement offendu et en tant de choses et
de manieres de pechez. Et pource par vraye raison et consideracion
ie ne suis pas digne de la plus petite de voz consolacions. Mais võ
sire doulx piteulx et misericors qui ne voulez point que nulles de voz
creatures perissent en demonstrant labondance des richesses de voftre bonte es vaisseaulx de misericorde. Cest adire a ceulx qui de võ
sont esleuez a auoir misericorde oultre mon propre merite auez daigne conforter et co nsoler voftre seruiteur plus que on ne pourroit pē
ser. Et certes les consolacions ne sont pas les fabulacions ou flateries des hõmes: Que iaye sire fait ou desseruy pour quoy me deus-
sez donner ceste cõsolacion celeste et espirituelle ie ne me recorde poine
sire que ie feisse oncques quelque biē. Mais ay este tousiours enclin
en mal et paresseulx a moy amender. Il est vray sire et ne le puis denyer. Et si aultrement disoye vous feriez contre moy comme verite et
ny auroit aulcun qui me deffendist que aye desseruy auec ce fors enfer
et le feu pardurable. En verite sire ie confesse que ie suis digne de
toute honte et de toute deshõneur et nappartient pas que ie soye nom
bre ou demourant auec voz amys et deuot. Et iacoit ce que ie oye ou
racompte cecy par ennuy cest adire quil me fait mal de le racompter
ou remēbrer. Toutesffoiz cõtre moy et pour verite ie arguray et reprē-

dray mes pechez affin que ie puisse plus legierement impetrer vostre
misericorde. Que diray ie moy pecheur et plain de toute honte et con
fusion ie nay bouche qui puisse dignement quelque chose dire fors
tant seullement ceste parolle. Jay peche sire iay peche ayez pitie de
moy et me pardonnez. actendez moy vng peu et laissez ad ce que iaye
ploure mes pechez et fait penitence deuant que iaille a la terre tene
breuse et obscure et couuerte des tenebres de la mort. Que deman
dez vous sire ad ce grant et meschant pecheur fors quil se repute et
aye contrictió et se humilie pour ses pechez. Car en vraye contrictió
repentáce et humiliacion de cueur est engendree esperance de pardõ.
Et la conscience perturbee appaisee et reconciliee la grace perdue re
paree ou recouuree lomme est deffendu et garde de lire qui est adue
nir cest adire de dampnacion perpetuelle et se encontient ensemble en
sainte amour dieu et lame repentant. Lumble contriction et repen
táce du pecheur vo° est trop pl° plaisant et aggreable sacrifice et pl°
souef flairant en vostre presence que quelconque thurificacion den
cens. Cest aussi le saint oyngnement que vous auez voulu estre re
spandu sur voz saintz piedz. Car oncques vous ne mesprisastes
cueur contrict et humilie par penitence. En ce est le lieu de reffuge
et seurte de la paour de lennemy. Icy est amede et nectoye ce qui par
auant auoit este ordoye et mesprins et mal fait.

Que la grace de dieu nest point dõnee ou octroye a ceulx qui sõt
sages selon le monde tant seullement. liij. chappitre.

Eau filz cest precieuse chose que ma grace Elle ne seuf
fre point estre meslee ou comparee aux choses estranges
ou mondaines et consolacions terriennes. Se donc
ques tu desires recepuoir linfusion et consolacion dicel
le grace il conuient q̃ tu ostes et chaces hors de toy toutes choses
qui la peuent empescher. Quiers lieux secretz pour toy habiter seul
auec toy ne demáde point gégleries daultruy mais faiz deuotes prie
res et oraysons a dieu ad ce q̃ tu ayes cõpunctiõ de cue° et cõscience
pure et necte. ne prise tout le mõde estre riés mais sur toutes choses
ayme a vacq̃r a dieu. car tu ne po° roys vacq̃r a moy et auoir auec ce

delectacions es choses transitoires. Il te fault esloigner et separer
de tous tes parens et amys et tenir ton cueur priue de toute consola
cion temporelle. Ainsi prie saint pierre en sa canonique que les cre
stiens se contiennent en ce monde comme estranges et pelerins des
charnelz desirs qui combatent contre lame. O comme te sera grât
fiance aseure que souldras mourir se nul desir ou affection ne te tiêt
en ce monde. Mais auoir ainsi de tous wintz le cueur ne sent pas
bien a celluy qui est encore enfermene a lomme bestial. Cest adi/
re quil nest pas encore espirituel car il ne côgnoist point bien la liber
te de lomme dexus cest assauoir de lesperit. Toutesfoiz qui weult biê
estre espirituel et apparceuoir ce qui est dit il conuient quil se remon/
stre a toutes personnes aussi biê prouchains comme estrâges et en/
core ne escheuer plus aultre que soy mesmes. Se tu te wuoys
vaincre toy mesmes tu surmonteroys plus legieremêt les aultres
Parfaicte victoire est vaincre soy mesmes et triûpher. Car qui se
peult tenir en subiection soubz soy mesmes et que la sensualite soit
subiecte a raison et que raison en toutes choses luy obeisse vng tel
est vray maistre de soy et seigneur du monde. Et se tu desires a ve/
nir et monter en ceste haultesse il te fault commencer fort et de bon
cueur et grant et mectre la coygnie a la racine et que tu arraches et
destruises toute desordonnee inclinacion et affection a toy mesmes
et a tout aultre priue ou propre bien mondain. Car de ce meschât
vice que lomme se ayme soy mesmes trop desordonnement vient et
prent pres que tout ce que homme si a a vaincre en soy. Lequel vice
ou mal quant il est vaincu et surmonte tantost vient apres la grât
paix et continuelle transquilite en lame. Mais de gens sont qui si
parfaictement se efforcent de mourir a soy et qui plainement tendêt
a eulp esleuer hors soy. et pource demeurent ilz impliques et empes/
chez en soy et ne se peuent esleuer en esperit sur soy. Mais celluy qui
weult venir franchement et estre auec moy il conuient et est necessite
quil mortifie en soy toute mauluaistie et desordonnees affections et
quil ne desire adhererou estre affiche a quelque creature pour amour
priuee ou especialle fors a moy.

Des diuers mouuemens ou inclinacions de

Eau filz entens et considere diligemment les esmouue
mens ou inclinacions de nature et de grace. Car elles
sont trescontraires et subtillement se esmouuet et a grat
paine se peut on bien discerner ou congnoistre et distin
guer si non dung homme bien enlumine dedens et espirituel. Il est
vray que tous les deux appetent et desirent bien ou bonne chose et de
monstrent aulcune chose de bien en leurs parolles ou euures. Et
pource plusieurs y sont deceuz soubz espece de bien. Nature est cau
te et malicieuse et attrait a soy plusieurs et les enlace et decoit et
tousiours est la fin de ses euures. Cest adire fait pⁱ soy ses euures
finablement. Mais grace va simplement auant et se garde tous
iours de toute mauluaise entencion. Elle na nulles falaces ou de
ceptions et tout ce quelle fait est pour lamour de dieu purement ou ql
elle se repose finablement. Nature enuis se mortifie et ne veult
point estre subiecte ou subiuguee de son gre. Mais grace cest adire lin
clinatiõ qui vient de grace se estudie a se mortifier et resister a sa pro
pre sensualite. Elle ne quiert estre subiecte ne desire estre vaincue ne
estre ou vser de sa propre frãchise et liberte. Elle ayme estre tenue
en discipline elle ne couuoite point dõneʳ a aultruy. Mais tousiours
veult estre et viure soubz aultruy et est appareillee soy encliner hum
blement a toute creature humaine pour lamour de dieu. Nature
ou la voulente et desir qui vient de nature laboure pⁱ son propre prof
fit et regarde soigneusement ql bien ou proffit luy peut venir daul
truy. Grace ne considere pas ce q luy est proffitable et vtile mais
plustost aduise comme elle pourra proffiter aup aultres. Nature
prent voulentiers honneur et reuerence se on luy fait. Grace attri
bue loyaulment a dieu toute la gloire et honneur. Nature craint
et doubte et suyt hõte et mespnsemẽt ou cõfusion. Grace se esiouyst
a souffrir et porter hõte et deshõneur pour lamour de ihesucrist. Na
ture ayme occisiositez et repos corporelz. Mais grace ne peut estre oy
seuse mais voulentiers laboure et prent peyne et trauail. Nature
veult auoir choses curieuses belles et plaisantes et refuse les gros
ses et viles Grace se delicte et prẽt plaisir en choses simples et hũ

i

bles et ne refuse point les aspres ou estre vestu de vieulp et gros draps
Nature regarde aup biés téporelz et sesiouyst de gaing terrié et est
côtristee ou dômaigee et pour vne petite parolle iniurieuse tantost est
irritee ou esmeue. mais grace a son regard aup biés pardurables.
elle ne aherdist point par affectiô aup biés téporelz et môdains. elle
ne se trouble pas de la perdiciô diceulp. elle ne se courrouce point de du
res parolles si on les luy dit. car elle côstitue et côloq son tresor. cest
assauoir son amour son esperáce et sa ioye en paradis au ql lieu elle
ne peut rien perdre. Nature est couuoiteuse et prent plus voulêtiers
quelle ne donne et ayme son propre et approprie a soy.   Grace est piteuse et cômune. elle escheue singularite et est contente et appaisee de
peu. Et ie dy que cest plusgrant bien de donner que de prendre. Nature sencline aup choses qui peuent cheoir et faillir a sa propre charnalite a vanitez et vagacions.   Mais grace trait a dieu et aup vertus et renonce aup choses qui peuent faillir et perir. Elle fuyt le môde et hait les desirs de la chair et restraint ses euagaciôs. Elle a hô-
te de apparoir en publicque. Nature prent voulêtiers aulcun soulas
et esbatemés par dehors pour la consolaciô et plaisir des sens. mais
grace veult seullemêt se delicter et consoler en dieu tout seul et prent
plusgrant plaisir et delectacion en dieu que en chose qui soit au monde Nature fait tout ce quelle fait pour son proffit et gaing temporel
et ne peut rien faire sans aulcun proffit. mais tousiours veult auoir
et consequir aussi grant bien que elle fait ou plusgrât ou au moins
a esperance dauoir louenge et feruerur des hômes pource qlle fait ou
desire que ses euures soyent louees et grãdemêt apreciees du môde
Mais grace ne desire qlque chose téporelle ou aultre louyer fors qlle
ayme dieu leql pour toute retribuciô elle demáde ne en toutes les chô-
ses téporelles ne demáde fors q ce q luy est bié necessaire si nô en tãt
que luy peut desseruir et paruenir aup biés pardurables auoir et obtenir. Nature se esiopst dauoir plusieurs amys et parens et se glorifie destre de noble lignaige ou estre en grât estat lieu et office. elle rit
auec les grãs maistres et puissãs et flate les riches et se ioue auec
ses seblables. mais grace ayme ses ennemys. elle ne se eslieue point
de la multitude de ses amys ne prise point le lieu ou cômencement de
son lignaige si non quil y ait eu gens plus seurs ou vertueup en bié.

Elle fauorise plus au poure que au riche. Elle a plusgrant copassi
on de linnocent que du puissant. Elle se esiouyst plus de la verite no
pas de la faulcete ou barat. Elle enhorte ou admonneste a faire
tousiours bonnes euures et proffite de bien en mieulp et se ressem/
ble en vertus au filz de dieu. Nature tantost se complaint se elle a
aulcun deffault ou tribulacion. Grace constament porte la souffrete
et pourete. Nature retourne tout a soy et pour soy se combat et se def
fend. Mais grace ramaine toutes choses a dieu duquel tout bien
originallement vient et descend et ne se attribue quelque bien et ne
presume point orgueilleusement de soy. Elle ne estriue point ou veult
sa sentence proferer aup aultres. Mais en tout ce quelle scet ou en/
tent. Elle se soubzmect a lordonnance et iugement de dieu. Nature
desire sauoir choses secretes et sauoir nouuelletez. Elle veult appa/
roir par dehors et epperimenter plusieurs choses par sens. Elle
desire estre congneue et faire choses dont puissent venir louenges et
grans admiracions. Mais desire nature de sauoir ou congnoistre
nouuelletez ou curiositez. Car toutes telles choses viennet et naif
sent de la premiere corruption de nature pour quoy rien nest durable
ou parmanant sur terre. Grace enseigne dont restraindre ses sens
euiter vaine plaisance et obstentacion sil ya en soy quelque chose di
gne de louenge elle les cache et mince humblement et ne les veult
point manifester et de toute chose octuure ou science quil soit en soy.
Elle ne quiert ou demande quelque fruict ou loyer et retribucion q
la louenge et lonneur de dieu. Elle ne veult point estre loee mais
seullement que en ses euures soit dieu loue et benoist qui ainsi luy a
tout donne pour sa pure grace et amour. Ceste grace est don de dieu
singuliere et especial sur la lumiere naturelle et proprement est le si/
gne ou guaige et certitude de salut pardurable. Laquelle esslieue lo/
me des choses terriennes a aymer les choses celestielles et le fait de
charnel espirituel Et de tant côe nature est plus prisee ou sourmôtee
et vaincue detant est donnee plusgrât grace et de iour en iour interiore
Cestassauoir a lesperit et refforme et reconforte de nouuelles visita
tions.

De la corruption de nature et de leffect de grace di/
uine. V. chappitre.

i ij

Mon dieu et monseigneur qui mauez cree a vostre yma
ge et vostre semblance.octroyez moy ceste grace q̃ vo' ma
uez demonstree estre si grande et necessaire a mon salut af
fin que ie puisse vaincre ceste meschãte et mauluaise na
ture trayans aup pechez et a perdicion Je sens certainemẽt en moy
la loy de peche cest a dire la inclinacion a peche contredisant et repu/
gnãt a la loy Cest a linclinacion de mon esperit laquelle me trait cõ
me prisonnier et meyne a obeyr a plusieurs choses a la sensualite et
ie ne puis restister a elle ne a ses passions si non q̃ vostre sainte gra/
ce me soit en aide par amour ardãt espãdue a mon cueur. Jl est be/
soing sire de vostre grace et de vostre grãt bõte ad ce q̃lle soit vaincue
et surmontee. Nature de son enfãce tousiours sencline a mal.car de/
puis q̃ icelle nature fut viciee et corrõpue de peche par le premier pere
adam la peyne dicelle tache et corruption descẽdit en to' les aultres
hõmes tellemẽt q̃ elle q̃ auoit este cree droicte et bõne de vo' soit mai
tenant prise pour mal et vice a lenfermete de nature corrõpue pource
q̃ inclinacion a mal qui luy est delaissee lactrait en bas.car vng peu de
vertu q̃lle a a biẽ est cõme vne flamesche de cẽdres. Et si est la raisõ
naturelle enuirõnee dune grãde nue obscure qui a encore vne petite
congnoissance ou distance de bien et de mal de vray et de faulx iacoyt
ce quelle soit encores impuissãte a a cõplir ce quelle loe et nest pas
encore en plaine lumiere de clarte ou verite ne en parfaicte sancte de
ses affections. Et de cela viẽt mon dieu q̃ ie ne delibere et accorde a
vostre loy selon lõme de dedãs et scay q̃ vostre mãdemẽt cestassauoir
vostre loy est bonne et iuste et arguant et reprenãt tout mal et ensei
gnant souyr et euiter tout peche. Mais selon la chair cest adire la sẽ
sualite ie sers a la loy de peche tãt q̃ ie obeys pl' a la sensualite que
a raison. De cela est q̃ iay bonne voulente mais ie ne treuue point
force de lacõplir de cela est ce q̃ ie propose plusieursfoiz faire plusieurs
biens.mais pource q̃ vostre grace nestpresente a moy pour aider mõ
enfermete et foiblesse par vne legiere resistãce ou empeschemẽt qui
me suruient ie laisse tout et defait de cela aduient q̃ ie congnoys biẽ
la voye et chemin de perfection et apparcoys assez cler ce q̃ ie doy faire
mais pŏr la charge et pesanteʒ de ma propre corruption ie ne me puis
esleuer aup euures de perfectiõ.O cõme a moy est necessaire de vostre

grace et cōmencer quelque bien a perseuerer en icelluy et acheuer et le
parfaire car sans elle ne puis ie rien faire de bien. Et toutesffoiz se el
le mest presente elle me conforte et aide. ie suis fort et puissant a tout
O Vraye grace celeste et diuine sans laquelle quelconques propres
euures ou merites rien ne sont. rien ne sont a penser biens de nature.
ars. sciences. richesses. Beaultez. forces. engins. eloquences. sans vo
stre grace sire noz euures riens ne vallent ou proffitét. Car les dōs
de nature et biens de fortune sont cōmuns et aup bons et aup maul
uais. Mais ceste grace ou dilection est le propre signe des bons de la
quelle ilz en sont en noblis et seignez. Ilz sont dignes de la vie par
durable tāt est prisee et estimee ceste grace q̄ don de prophecie oˢ fia
re miracles ou aultres signes ou haulte eleuacion de cueur ou specu
lacion espirituelle ne sont riens cōparez a elle et mesme ne foy ne es
perance ou quelcōques aultres vertus ne sont plaisantes ou agrea
bles a dieu sans ceste grace. O tresbenoiste et digne de louenge gra
ce diuine qui faictes riche de vertus celluy qui est poure desperit et ré-
bez plain de tous biens celluy qui est humble de cueur. Plaise vous
de descendre en mon cueur et me remplissez tost de vostre cōsolacion af
fin que mon ame ne deffaille en laschete et arridete de cueur. Ie vous
supplie sire et requiers que iaye vostre grace deuant tous et misericor
de. Car pour tous biens vostre grace me souffist suppose que ie naye
aultre chose de tous les biens que requiert ou desire nature humaine. Se ie suis tribulle ou trauaille de téptacion ie ne doubteray quel
que paine mais que vostre grace soit auec moy. Cest ma force. cest
ce qui me donne aide et confort. Elle est plus forte de tous mes ad
uersaires. Elle est plus saige de toutes cautelles. elle est maistresse
de verite. elle enseigne discipline. Cest la lumiere des cueurs et solacion en aduersite. elle chace tristesse et curieur et crainte mauluaise.
Cest la nourrice de deuocion et donne larmes et gemissemés. Quel
le chose suis ie sans elle fors vne buche seiche et vng escot infructu
eup et inutile digne destre arrache et gecte hors pˊ ardre ou brusler. Vo
stre grace sire doncques tousiours me preuiengne et ensuyue. Cest
adire soit au commencement et a la fin de mes euures et me doint
estre tousiours a bonnes euures entendu par vostre benoist filz ihe
sucrist. Amen.   i ij)

Que nous deuons nous mesmes delaisser et ensuyr ihesucrist par la croix cest adire en souffrant pour lamour de luy. lVi.chappitre

Eau filz detant que tu te pourras departir de toy detät pourras tu estre conioinct a moy. Car ainsi querir et desi rer en ce monde fait auoir paix en soy. Pareillemët soy delaisser en son cueur fait estre conioinct ou prouchain a dieu. Je Veulx que tu apreignes a parfaictement toy delaisser et de/nier ad ce que tu ensuyues ma Voulente sans contradiction et mur/muracion. Je suis la Voye de Verite et Vie. Sans la Voye on ne peult cheminer. Sans Verite ne peut on rien congnoistre ou sauoir Säs Vie ne peult on Viure Je suis la Voye que tu dois ensuyr. la Verite a q̈ tu dois croire. la Vie que tu dois desirer. Je suis la Voye qui ne laisse desuoyer Verite infallible et Vie sans fin. Je suis la Voye tresdroicte souueraine Verite. La Vraye Vie. Benoiste Vie. Vie incree ou eternelle. Se tu demeures en la Voye tu congnoistras la Verite. et Verite te affranchira et apprendra la Vie pardurable. Se tu Veulx entrer en la Vie garde les miens comandemens. Se tu Veulx congnoistre la Verite croy moy. Se tu Veulx estre parfaict Vês tout ce que tu as Se tu Veulx estre mon disciple denye toy. cest adire ta propre Voulente. se tu Veulx auoir la Vie pardurable mesprise et delaisse ceste Vie present/te. Cest adire que tu ny mettes pas ton amour et affection. Se tu Veulx estre epaulce es cieulx: humilie toy en ce monde. Se tu Veulx regner auec moy en paradis porte ma croix en ce monde. Cest adire seuffre paciement pour lamour de moy. Car seuremët ceulx qui sont seruiteurs de la croix tiennët le Vray chemin de la Vraye beatitude et Vraye lumiere. O mon Vray saulueur et doulx ihesus que Vostre Vie estoit en ce monde aspre estroite et mesprisee du monde pource le möde Vous hayoit et persecutoit sans cause et sans Vostre desserte. Dönez moy sire auec Vous mespriser ce meschant monde et ensuyr Vostre Vie Car ce nest pas raison que Varlet soit plus grant que son seigneur ou le disciple soit sur son maistre. Soit Vostre seruiteur epcercite selö que Vous auez este en Vostre Vie. cest adire que iaye tëptacions cöme Vous auez eu. Car en ce est ma Vie et mö salut q̈lque chose q̈ie lyse ou estudie fors que ce ne me fait point de plaisir ou recreacion.   Et

pource beau filz que tu as leu et sceu ces choses tu seras bien eureuy
se tu les acomplis cest a dire se tu les ensuys. Cestuy qui a mes
comandemés en son cueur et les garde et acomplist par euures cest
cestluy qui me ayme et ie laymeray et me adiousteray moy mesmes a
luy et le feray seoir auec moy au royaulme de mon pere O mõ doulp
saulueur et seigneur ihesus soit fait cõme vous auez dit et promis
Soit ainsi fait certainement et ainsi le puisse ie dsseruir. Jay receu
vostre main cest adire par vostre inspiracion et en esperance de vostre
passion la croip et la porteray iusques a la mort ainsi comme vous
la mauez chargee et imposee. Vrayement la vie dung vray moigne
cest la croip mais cest de paradis la sente et conduite puis que on la
receue il nest point licite de reculer et ne la peut on point laisser. Or
doncques chier frere alons et cheminons ensemble cest adire de bõ
accord et ihesus sera auec nous. Pour lamour de ihesucrist nous
auons receue ceste croip et pour lamour de ihesus en la croip cest adi
re en penitence et il sera nostre aide car il est nostre meneur et conduy
seur. Voyez cy nostre roy est entre deuant nous qui combatra pour
nous. Ensuyuons le de bon cueur et ne doubtons point les espouē
temens. Soyons appareillez. mourir fault en la bataille. Ne dõ
nons point villennie ou reprochez en nostre gloire cest adire en no¬
stre bon commencement que nous ne ensuyuons la croip.

    Que lomme ne soit point trop abatu quant il fait aulcuns pe¬
tis desfaulp. lVij. chappitre.

    Eau filz plus plaist a dieu pacience et humilite en ad¬
uersite que grant consolacion ou deuocion en prosperite.
    Pour quoy te courouce tu se on te fait ou dit aulcũe cho
se cõtre toy ou cõtre ta voulēte. se cestoit moult plus grãt chose si ne tē
deuroys tu pas troubler. laisse la passer car ce nest pas la pmiere nou
uelle ne aussi ne sera pas la derniere se tu vis lõguemēt. Tu es biē
fort et paciēt quãt il ne te viēt point dauersite. Tu cõseilles tresbiē
les aultres et les admõnestes bien de parolles. Mais tãtost q̃ q̃lq̃
tribulaciõ ou aduersite soubdainemēt te viēt et cõseil et force te fault
Considere ta grant fragilite laq̃lle tu as souētesfoiz experimētee

en petites obiections ou contrarietes. Et touteffoiz cest pour ton
proffit et salut q̃ telle chose te viẽt se eñ toy ne tient. Et pource dores
en auãt mect paine de oster de toñ cueur toute tristesse qui te vient poꝛ
ceste tribulacioñ. Et se tu es aulcũement attrait ou frappe gardeq̃l
le ne te abbate pas de tous pointz ou empesche tellꝛment que ne la re
boute legierement Et se tu ne la peuz encore recepuoir ioyeusement
au moins recoys la paciẽment. et sil aduient que loñ te dye aulcune
chose que tu ne veulp pas ou voulsisse et que tu teñ sentes indigne
aulcunement au cueur reprime eñ toy ceste indignacioñ et ne souf,
fre pas quelque parolle desordonnee saillir de ta bouche de laquelle
les aultres puissent estre scandalisez et mect paine que ceste commo
cion epitee eñ toy rapaise. Et tãtost par la grace de dieu tu sentiras
grant doulceur et paip contre la douleur que tu auoys. Considere q̃
encores suis ie vif prest de toy aider et reconforter plus que par auãt
se tu te confies eñ moy et deuotement me prie et requiers. Ayes boñ
cueur et tappareille a plus encore soubstenir Tu nez pas encores
tout perdu Se tu te sens souuẽt trouble ou tempte griefuement tu
es homme noñ pas dieu. Tu es chair noñ pas ange. Comment
penses tu que tu puisses tousiours demourer eñ vng mesme estat et
vertu quant lange ne le peut pas au ciel ne le premier homme eñ pa,
radis terrestre. Je suis celluy qui relieue les desolez et ramaine les
enfermez en sancte Et ceulp qui congnoissent humblement leur en
fermete et foiblesse eslieue ma diuinite. O monseigneur et mõ dieu
Benoiste soit voste parolle doulce et plaisante a ma bouche plus que
miel. Que feray ie sire eñ grans tribulacions et angoisses se voꝰ
ne me aidez et confortez par voz doulces parolles. Que me doit il
chaloir quelles grandes tribulacions ie porte et soustiengne mais q̃
ie puisse paruenir au port de salut. Donnez moy sire bonne fin. oc,
troyez moy que ie puisse de ce monde issir eñ boñ estat. Souuiengne
vous de moy monseigneur et moñ dieu et me conduisez le droit che,
miñ a voste regne. Amen.

Que oñ ne doit point encercher haultes choses
et les secretz iugemens de dieu. lViij. chappitre.

Eau filz garde toy de disputer de haultes matieres et
des secretz et occultz iugemés de dieu Cōme de vouloir sa
uoir po² quoy lung est si trouble en ce mōde en affectiō. et
lautre ainsi epaulce en estat et puissāce. Sauoir telles
choses epcede toute faculte de humain engin et sciéce ne il nest qlque
personne en ce mōde q̃ par raison ou disputacion humaine puisse par
uenir ad ce sauoir ne acquerir. Quāt lénemy te sugere telles choses
et aussi aulcuns curieup respons leur ce q̃ dit le psalmiste. Sire vous
estes iuste et voz iugemés sont iustes et droitz. Et encore dit icelluy
mesme psalmiste aultre part. Les iugemés de nostreseigneur sont
vrays iustes et iustifiez en soy mesmes. Cest adire q̃l ne fault point
dautre iustificaciō ou epcusacion ou glose cōmune il fault aup iugemés et ordonnáces des hommes. Les iugemés de dieu doyuét estre
crains et doubtez non pas discutez. cest adire vouloir discerner pour
q̃lque cause. Ilz sont ainsi faitz ou ilz sont incomprehésibles a enté-
dement humain. Aussi ne te occuppe pas avouloir enquerir ou dispu
ter des merites des saintz de paradis lequel est le plussaint ou de plus
grant merite en paradis de lautre.   Car tontes telles choses ou
oppinions et curiositez engendrent souuent noises et discencions inutiles et nourrissent orgueil et vaine gloire dont viennent ennuys
et discors en ce que lung veult epaulcer lung lautre orgueilleusemét
et par force de clergie et sciences et telles curiositez vouloir sauoir et
enquerir ne porte point de proffit ou deuocion. mais plus desplaisant
aup saintz.   Car ie ne suis pas dieu de discenciou ou desaccord.
mais de paip et concorde. laquelle se acquiert plus en humilite que
en sa propre epaltacion ou elacion. Et suppose que aulcuns soyent
plus actraitz a deuociou a aulcuns saintz et les aultres aup aultres
toutesfoiz ce nest pas affection diuine: mais humaine Je suis celluy
q̃ ay fait et cree to²les saints et le² ay donne vie. Je scay et congnoys
les merites et dessertes dūg chascū. ie le² ay preuenu es benedictions
de ma doulce² cest adire deuāt q̃lz eussét riés desseruy éuers moy ie les
ay esleuez du mōde et non pas eulp moy et les ay esleuez de ma gra
ce. ie les ay actraitz par ma misericorde. ie les ay cōduitz par diuerses
téptaciōs et en icelles le² ay dōne grādes cōsolaciōs par quoy ilz sōt
venus a la victoire par la sainte perseuerāce et ay courōne le² paciéce

Je congnoys et le grant et le petit et les aymte par inestimable dile/
ction. Je suis celluy qui dois estre loue en eulx et sur toutes choses
estre benoist et honnore en vng chascun de eulx q̃ iay magnifie ainsi
glorieusemēt et a celle gloire predestine et appelle sans quelcõques
leurs merites et dessertes. Quicõques doncq̃s en mesprise lūg des
plus moindres ne hõnore pas le plusgrant car le petit et le grāt iay
fait et qui deshõnore lūg deshõnore aussi lautre. Et en especial moy
Et qui derogue ou detrait lung aussi fait il tous les aultres q̃ sont
au royaulme des cieulx. Car tous sont vng par le lyan et cõioīctiõ
de charite. Tous defirēt et veullēt vne mesme chose et to⁹ ce aymēt
en vng cest adire en dieu. Et encore qui est plusgrant chose to⁹ me
ayment plus que soy ou que leur proffit et merite ou gloire. Car
tous sont traitz et esleuez tellemēt en moy et en ma charite si rauis
en laquelle ilz se reposent par fruicttion quil nest rīē qui les en puisse
destourner ou oster. Car merueilleusemēt plains de la charite pardu
rable sont emprins du feu de pardurable amour. Laisse doncques
a parler de la gloire et estat des saintz de paradis. Les bestiaulx et
charnelles persōnes qui ne sceuēt amer fors priue et parcialle amo²
ne ymaginer ou congnoistre et adioustent ou ostent a ladicte gloire
pour leur plaisir et affection ou inclination non pas selon le plaisir
et ordõnnance de dieu. Plusieurs sont qui par ce sont encores peu en
luminez par leur ignorāce et ne sceuēt pas aymer aulcun par amo²
espirituelle parfaictement. mais sont encores astrains a leur amour
par affection et inclination naturelle et amytie humain et pensent
ou ymaginent que les affections soyent es cieulx et en paradis
ainsi cõme en ce mõde. Mais il y a tresgrande difference entre ce que
imparfaitz pēsēt ou ymaginēt des choses espirituelles et diuines et
ce q̃ les parfaitz enluminez de dieu par reuellaciõ supernelle cõgnoif
sent. Et pource beau filz garde toy de trop curieusemēt et p̃sūptueu/
semēt vouloir enq̃rir et traicter les choses qui excedent et passent ta
sciēce et tõ engin. mais mect paine et te efforce de paruenir au royaul
me de paradis et pense q̃ ce te sera grant felicite se tu y peuz estre au
moins le dernier. Et se aulcū estoit qui peust sauoir leq̃l est plussait
ou meilleur en ce mõde de laultre leq̃l est plusgrāt ou epaulce en para
dis q̃ luy proffiteroit ceste sciēce se il ne se humilioit deuāt moy et sen

efforcast de ramener a ma louenge et epaltacion de mon nom. Celluy
qui pese de la grandeur et multitude de ses pechez et de la paucite de ses
vertus et comment il est encore loing de la perfection des saintz est plus ag
greable et plaisant a dieu et fait meilleur euure q cel luy qui curieuse
ment et presumptueusemet veult disputer ou parler de la grandeur ou
moindreur des saintz de paradis. Il vault mieulx deuotement prier
les saintz et les requerir par deuotes oraisons et leurs souffraiges et
intercessios q par vaine inquisicion vouloir enquerir leurs secretz. Ilz
sont tresbien cotens de leur gloire en paradis et q les homes en soiet
cotes en terre et cesset parler curieusemet deulx et refraignet leurs
vaines parolles. Ilz ne se glorifiet pas ou enorgueillisset de leur gloi
re ou de leurs merites et ne se attribuet rie de leur bouche mais attri
buet tout a moy. Car ilz sceuet q ie leur ay tout done par ma seulle
infinie bote. Ilz sont tellemet replis de lamour diuine et de la excel
lente gloire quilz ont. quil nest rie en eulx qui ne soit plain de gloire et
de felicite. Tous les saintz detat quilz sont plus gras en la gloire de
paradis detant sont ilz plus humbles en soy mesmes et detant sont ilz
plus prochains de moy fichez en amour. Et pource est il escript a lap
pocalipse q les saintz desmirent leur courone deuat dieu et se laisseret
cheoir deuat laignel en leur faice et adorerent celluy qui vit au siecle
des siecles cest adire que de toute la gloire et merite quilz auoyet ilz
attribueret a dieu en ladorat et remerciant humblement. Plusieurs
quieret et demandet lequel est le plusgrant en paradis et ne sceuent
silz sont dignes dy estre les moindres ou auec les moindres coptez
Cest grant chose dy estre le dernier et moindre.car tous ceulx quiy se
ront seront filz de dieu. Le moindre sera en nulle cest adire plus ri
che que nul. Et le pecheur de cent ans mourra. Cest a dire qui perse
uere en ses pechez iusqz a la vieillesse sera condemne a la mort voire
denfer. Quant les disciples de nostreseigneur ihesucrist luy deman
derent lequel estoit plusgrant au royaulme des cyeulx il leur bailla
telle responce. Se vous ne vous conuertissez et demourez hum
bles come petis enfans vous nentererez ia au royaulme des cieulx.
Quiconques doncqs se humiliera come le petit enfant celluy sera plusgrat
au royaulme des cieulx. Mauditz seront ceulx qui ne se daignet hu
milier de leur bon gre auec les petis.car la humble et petite porte du roy

aulme des cieulx ne les souffrera pas entrer dedens. Mauldis aussi
seront les riches de ce monde qui en ce monde ont leurs consolacions.
Car quant les poures entreront au royaulme des cieulx ilz seront
laissez dehors crians et brayans. Esiouysses vous poures et vous
conforte humbles car le royaulme des cieulx est vostre voire toutesfoiz se vous cheminez en verite. Cest adire que ce que vous demon-
strez par dehors vous tenez et gardez au cueur.

Que toute fiance et esperace de la personne doit estre seullemet
mise en dieu et est par maniere dorayson. lip. chappitre.

Monseigneur et mon dieu quelle est ma fiance que iay
en toute ma vie de ce monde ou quel est mon plusgrant
soulas de toutes les choses que on voit et qui sont trou-
uees soubz le ciel. Nestez vous pas mon dieu et mon
seigneur duquel on ne peult nombrer la misericorde en quel lieu ou
en quelle chose ne peut on bien sans vo. ou quat me peult estre mal
vous present. Jay pl chier et ayme mieulx estre poure pour lamour
de vous que riche sans vous. Jaymeroye mieulx estre auec vous
pelerin en terre que sans vous estre en paradis. La ou vous estez est
le ciel cest adire paradis. Et pource la ou vous nestez est la mort
et enfer. Vous estez tout seul mon dieu cest adire ie ne desire que
vous seullement. Et pource que ie ne vous treuue pas encores parfaictement il est necessite que ie gemisse et crie en oraison apres vous
finablement. Je ne puis en aulcuns auoir plaine fiace qui me aide et secoure en mes necessitez et tribulacions fors que en vous tat
seullement mon dieu et monseigneur. Vous estez mon esperance.
vous estez ma fiance. Vous estez celluy qui me confortez et consolez
royaulment en toutes choses. Tous aultres quierent et demandent leur proffit. Vous ne desirez et voulez que mon saulucment et
mon proffit et conuertissez tout a mon bien Et mesmement se vous
menuopez diuerses temptacions et aduersitez. tout ce vous faictes
et ordonnez a mon proffit et vtilite. Car vous auez acoustume des-
prouuer voz amys en maintes manieres en laquelle probacion et tribulacion ie ne vous puis ne dois pas moins aymer et louer q sevo

me remplissiez et reconfortes de consolacions celestielles. En vo'
sire doncques ie mect toute mon esperance et mon reffuge. En tous
ie ordonne toute ma tribulacion et angoisse. Car tout tant que ie re/
garde hors vous ie treuue tout enferme et instable. Car riens ne
proffitent grans amytiez grãt force de aidãs ou adiuteurs ne peult
deliurer sage conseil. Lors ne peult bonne responce ne les liures
des grans clercs ou docteurs bon conseil ne ãlque lieu sery ou plai
sant deffendre se vous mesmes nestez present qui aidez ou confortez
consolez enseignez et gardez. Car toutes les choses qui semblent
estre paisibles et proffitables a auoir felicite ne valent rien se vous
nestes present et ne portent en soy rien de vraye felicite. Vous dõc
ques tout seul estes la fin de tous biens haultesse des profunditez
de sapience. Et auoir tousiours en vous esperance est le souuerain
conseil de voz seruiteurs a vous sont mes yeulx esleuez. En vous
mon dieu est ma fiance. Pere de misericorde benoissez et sainctifiez
mon ame de benediction celeste ad ce quelle soit faicte vostre saincte
habitacion et siege de vostre pardurable gloire et au temple de vostre
dignite ne soit trouue quil peut couroucer ou offendre les yeulx de vo
stre maieste. Regardez moy sire en pitie selon la multitude de vostre
bonte et la multitude de voz miseracions et misericorde et epaulcez
lorayson de vostre poure seruiteur epille et banny loing hors de son
pays en region tenebreuse et plaine de mort. Deffendez sire et gar
dez lame de vostre poure seruiteur entretant de perilz de ceste vie corrup
tible et par la compaignie de vostre grace conduisez la par le chemin
de paix au pays de pardurable clarte. Amen.

 Cy finist la seconde partie de linteriore colocucion ihesucrist a
lame deuote.

 Cy commence la tierce partie de linteriore et de parfaicte inmita
cion de nostreseigneur ihesucrist. Premier chappitre.

 Qui me sequitur non ambulat in tenebris.

Nostreseigneur ihesucrist dit en leuangille qui me en
suyt ne chemine point en tenebres. Ces parolles sõt
de nostreseigneᵘ ihesucrist qui nous admõneste q̃ nous
ensuyuõs ses euures. Cest a dire sa vie et sa doctrine
se noᵘ voulõs vrayemẽt estre eluminez et de tout aueu
glemẽt de cueᵘ delurez. Et pource nostre souuerain et
especial estude doit estre de pẽser a sa vie et a sa doctrine car sa vie et sa
doctrine precedent et epellent sur aultre doctrines et vie des autres
saintz. Et qui lauroit bien fichee en son cueur il y trouueroit mõlt
grant doulceur espirituelle. mais plusieursfoiz aduiẽt que plusieurs
sont qui oyent et escoutent souuẽt leuangille et les parolles qui y
sont dictes: mais pource ne concopuẽt ilz point de deuociõ ou feruẽt
desir. Et cest pource quilz ne se efforcent point de lensuyr er mectre a
effect ce qui y est dit. Mais qui veult plainemẽt et sauoureusement
entendre les parolles de ihesucrist il conuient quil se efforce de con
fermer et ressembler toute sa vie a la vie de ihesucrist. Que te prof
fitera sauoir haultes choses de la trinite se tu nas humilite pour
quoy tu desplais a la diuinite. Sans faulte grant science ne fait
pas lomme saint: mais bõne vie et vertueuse plaisant le fait et ag
greable a dieu. Tu dis plus desirer sauoir par epperiẽce que cest q̃
compunction que sauoir la diffiniciõ Se tu sauoys toute la bible
par cueur et auoys tous les sens des prophetes. Cest adire que
tu les sceusses bien entendre que te peuẽt ilz proffiter sans charite
et la grace de dieu. cest toute vanite en ce mõde et toutes les choses
qui y sõt: sõt vaines fors aymer dieu et seruir a luy tout seul. Cest
dõcq̃s souueraine sapiẽce et prudẽce mespriser le mõde et tendre au
royaulme de paradis. cest vanite q̃rir les richesses q̃ periffẽt et auoir
ou ficher son amour en elles. cest vanite querir les honneurs de ce
mõde et par iceulx vouloir estre exaulce. cest vanite ensuyr les desirs
et plaisances de la chair et les vouloir acõplir poᵘ quoy il cõuiẽt estre
apres tresgriefuemẽt pugny. cest vanite de desirer lõgue vie en ce mõ
de et ne mectre point peyne a bien viure. cest vanite pẽser seullement
a la vie presente et ne pouruoir point pour celle qui est aduenir.
Cest vanite aymer seullement ce qui legierement passe et ne desi
rer point venir la ou est la grant ioye perpetuelle et permanante.

Souuiengne toy souuēt de ce que dit salomon es prouerbes. Sa/
oul nest point loeil de veoir ne loreille de lescouter. Cest adire que le de
sir de la personne nest iamais acomply par les plaisances et delecta/
cions que on prent es choses qui sont en ce monde par les sens du
corps. Efforce toy doncqs de retraire ton cueur ton amour ton affe/
ction de ces plaisances mōdaines et les ficher ou asseoir es choses
diuines et aup ioyes inuisibles. Car ceulp qui en ce mōde ensuyuēt
leur sensualite ordoyent leurs consciences et perdent la grace de dieu.

De sentir humblement de soy mesmes. ij. chappitre.

Out hōme desire naturellement auoir sciēce. Mais sciē
ce sans lamour de dieu ne vault rien. Mieulp vault vng
poure simple laboureur qui ayme dieu que vng orgueil/
leup clerc qui mesprise dieu et scet tout le cours des estoil
les. Qui se cōgnoist bien soy mesmes se mesprise et ne prent pas
plaisir es louenges humaines. Se iauoye toutes les sciences du
monde et ie nestoye en charite que me proffiteroit toute ma science
enuers dieu qui me iugera selon mes euures non pas selon ma sciē
ce. Ne mect pas doncques grant peyne a plusieurs choses sa/
uoir. Car en ce est on aulcunesfoiz distrait et empesche de plusgrant
bien. Grans clercs veullent et desirent voulentiers estre cōgneuz et
reputez sages par vanite. Plusieurs choses sont desquelles la sciē/
ce peu ou neant proffite a lame Et celluy nest pas sage qui estudie
ou mect peyne de sauoir ce qui ne luy proffite au salut de son ame ou q
de ce sempesche. Grant habondance de parolles ne saoulent pas la/
me. Mais bonne vie la reconforte et purte de cōscience luy dōne frā/
chise enuers dieu. De tant que tu as plusgrant science detāt seras
tu plus asprement pugny et plustost condēpne se tu nas eue bonne
vie. Ne ten orgueillis pas doncques de ta grant sciēce ou art mais
detant soyes en plusgrant doubte. Sil te semble que tu saches plu/
sieurs choses et que tu as grant science saiches que encores est il la
moitie pl' de choses que tu ne scays de quoy tu nas point de cōgnois/
sance. Et pource ne te dois tu pas en orgueillir. mais confesser et cō
gnoistre humblement ton ignorance. Ne te epaulce pas en orgueil
sur les aultres mais pense quil y a plusieurs qui sceuēt plus que toy

Et se tu veulx proffitablemēt sauoir et estre repute saige desire que
on ne te congnoisse et reppute estre de nulle reputacion. Car cest la
vraye haulte et proffitable science vrayemēt cōgnoistre soy mesmes
et soy mespriser rien sentir de soy:mais des aultres biē et hault emēt
Cest grāt prudence et perfectiō se tu voys maintenāt aulcun pecher
ou faire aulcune chose ou offense laquelle tu ne feiz oncques ne aus
si ne vouldrois pour rien faire.tu ne le dois pas mespriser ou te repu
ter pource meilleur que luy.Car tu ne scays combiē tu demourras
en ce bō propos Carse dieu te ostoit sa grace et soustraioit sa main
laquelle tu dois penser qui te tient tantost tu tomberoys. Et aussi
tu ne scays combien il demourra en ce peche.Car sil plaisoit adieu
de le regarder en pitie tantost il se releueroit.Nous sommes tous
fresles et pecheurs mais ne doys reputer quelque personne plus
fresle ne plus grant pecheur que toy mesmes.

De la vraye doctrine de Verite. iij.chappitre.

Celluy est bien eureup lequel dieu qui est vraye Verite
par soy enseigne.non pas par parolles transitoires qui
passent cōme Verite.Mais ainsi cōme la Verite est nostre
oppinion et nostre sens nous decoyuent souuent. Car
il y a peu de consideracion et de aduis aulcunesfois.Que proffitent
grās argumēs ou cauillacions des choses obscures et occultes et
doubteuses lesquelles se nous ne les sauons nous neu serōs pas
reprins deuāt dieu au iour du iugement.Cest grant folie de laisser
et ne tenir cōpte de sauoir les choses proffitables et necessaires a sō
salut et se habādonner et occupper de telles curiositez de nul proffit
et aulcūesfoiz dōmageables et nuysans.Nous auōs yeulp mais
nous ne voyons goute. Et que auōs no͞ a faire de sauoir plusieurs
manieres de choses de ce mōde.Celluy a qui dieu parle par dedens
est deliure de plusieurs et diuerses oppinions. De dieu sont toutes
choses crees et toutes choses manifestent vng seul dieu.cest le cō=
mencement de toutes choses qui nous inspire et dōne entendement
car sans luy nul ne peult auoir bon entendement ou bon iugement.
Celluy a qui toutes choses sont vng et qui ramaine toutes choses
a vne cestassauoir a la louēge de dieu peut estre stable et ferme de cuez
en dieu et demourer paisiblement en soy.O Verite dieu faictes moy

estre vng et vniy en tous en charite perpetuelle ie menuy e de ouyr et
lire tant de scriptures. En vous seul est tout ce que ie desire. Taisent
soy tous clercs et toutes creatures deuant vous et soit seullemet vo
stre parolle cest adire vostre inspiracion et consolacion en moy. De
tant que aulcun se sera plus vny en soy et reduit par dedens detant
cognoistra il et saura de dieu plus haultement et parfondement. car
il recoit la lumiere souueraine qui enlumine son entendement. Cel
luy qui a pur simple et ferme esperit ne deuise point en diuerses ope
racions ou euures de dieu cest adire sil voyt que faice plusieurs cho
ses quil ne peult comprendre. Car il ramaine tout a lamour de dieu
et si se garde de folles inquisicions. Quelle chose est ce qui plus te
pesche et te moleste fort ta folle affection non mortiffiee. Vne bone
personne premierement dispose en soy ses euures quil veult faire par
dehors et ne le surmotent pas ou vaincquet ses vicieuses inclina
cions. mais il les ramaine et souzmect a la voulente de rayson. Et
cest forte bataille de ainsi vaincre et surmonter soy mesmes. Et po[ur]
ce ad ce deurions nous cotinuellement labourer et mectre nostre pey
ne et nostre entente de proffiter de mieulx en mieulx et acquerir tous
iours force nouuelle. Toute perfection a aulcune imperfection ad
ioincte a soy et speculacion nest point recite ou ignorance. Et detant
que vne personne est plus parfait detant congnoist il plus ceste im
perfection ou ignorance et voit pluscler ses deffaultes en sa reputa
cion. Humble congnoissance de soy mesmes et son imperfection est
plus certaine voye de perfection et de aller le droit chemin de dieu quel
conque parfonde science humainement acquise. Science nest pas
a blasmer ou quelcoque cognoissance des creatures quil est en bone
foy. Car elle est de dieu cree et ordonnee. Mais on doit plus aymer
et eslire et mieulx desirer bonne vie et bonne conscience. Et pource q[ue]
plusieurs desirent plus sauoir que bien viure. cest adire auoir science
que bonne vie pource sont ilz plusieurs erreurs et peu ou nyant ont
les clercs fruict de leurs sciences Helas se on mectoit aussi grat pey
ne et diligence a eptirper les vices et pechez et acquerir les vertus q[ue]
on fait a faire questios et argumes ne se feroyent pas tat de maulx
ne tant descandes au monde ne tant de dissolucions aux religions.
Pour certain au iour du iugement on ne nous demandera pas en

quelle science nous auons estudie mais ce que nous auons fait.
On ne nous demandera pas ce que nous auons enseigne:mais se
nous auons bien garde nostre ordre ou religion. Respons moy.
Ou sont maintenant ces grans clercs et maistres que tu as veuz
et as ouy parler en ton temps qui tant come ilz ont este en ce monde
ont eu si grant nom et ont estez si renomez et honnorez es estudes
Et maintenat autres tiennet leurs benefices et ne scay sil en sou
uient plus. En leur vie chascun parloit deulx et maintenant on nen
dit mot. O coment est tost passee la gloire du monde. Se leur vie
eust este concordante a leur science ilz eussent bien estudie et proffita
blement. Plusieurs perissent par vaine sciece du siecle. Car ilz ne
leur chault du seruice de dieu. Et carilz ont plus ayme et esleu estre
de grant nom et reputacion que humbles de cueur et de bonne vie po
ce ont ilz este vains en leurs parolles et pensees. Celluy est vraye
ment grant qui est petit en soy.cest adire huble qui repute toute haul
tesse de honeur mondain neant etnen tient copte. Celluy est vraye,
ment sage qui repute toutes choses terriennes comme fiens mais
quilpuisse guaigner ihesucrist. Et celluy est bien eureux qui ensuit
la voulente de dieu etlaisse la sienne.

De auoir prudence en ses euures. iiij. chappitre.

N ne doit pas croire toute parolle ou coseil daultruy ne
aussi se consentir a chascun instruict ou inspiracion cest a
dire toute voulente qui suruient suppose mesme quilsem
ble que ce soit bonne euure.Mais doit longuement pen
ser aux choses et les piser selon dieu et selon raison. Helas nous
croyons plustost le mal que le bien daultruy et le racontons ou rap,
portons aux aultres se nous lauons ouy dire tat somes nous fresⳗ
les et enclins en mal.Mais ceulx qui sont parfaitz ne croyent pas
si legierement quilz ont ouy dire. Car ilz sceuent et cognoissent que
nature humaine est enclinee a mal et assez legiere a rapporter plus,
tost le mal que le bien. Cest grant sapience de nestre point trop hatif
en ses besoignes ne trop fiche ou arreste en son propre sens et a ses
oppinions A ceste prudece appartiet aussi ne croire pas de legier aux

parolles dung chascun ne aussi tantost racompter ou rapporter ce que
on a ouy dire especiallement quant cest mal. Ayez conseil a sages
personnes et de bonne vie et conscience et ne vueillez pas ensuyr a tes
propres voulentez et affections. Bonne vie fait homme sage selon
dieu et expert en plusieurs choses. Detant que ung homme est plus
humble en soy et plus subiect et tant est il plus sage et plus paisible
et en soy a plusgrat paix.

De estudier voulentiers la sainte escripture. V.chappitre.

On doit desirer en lisant ou estudiant la sainte escripture et demander verite et non pas belles manieres de parler. Cest adire que on doit plus prendre plaisir au sens
qui y est que en la maniere du lengaigue. Toute sainte
escripture doit estre entendue et prise au sens que se saint esperit inspi-
ra aux saintz qui sont faicte et nous y devons plus querir nostre pro
fit espirituel que considerer le beau parler. Et pource nous devons aussi
voulentiers lyre et estudier liures qui sont de simples matieres et de
deuocion ou par quoy on peut proffiter et corriger ses meurs et cognoi
stre ses pechez que ceulx qui parlent de haultes choses et diuines.
Ne laisse pas a lire ou estudier les liures qui sont faitz de ceulx qui
nestoyent pas grans clercs ou reputez de grande renommee ou aucto
rite mais quil ny ait point derreur et que pure verite y soit contenue et
que tu y puisses proffiter en aulcunes bonnes vertus et ne demande
pas qui a dit ces parolles ou qui a fait ce liure. Mais considere si ce
qui y est escript est bon et proffitable pour toy. Les hommes passent
et meurent. Mais la verite demoure tousiours pardurablemet. Dieu
nous reuelle sa voulente et ses commandemes en diuerses manieres
et par diuerses personnes sans auoir acception. Mais nostre orgueil et curiosite souuent nous empesche a proffiter en la sainte escri
pture pource que nous voulons aulcunesfoiz trop discuter et trop
subtillement interpreter ce que simplement doit estre entendu. Et
pource se tu y veulx proffiter estudie simplement et humblement selon la foy catholique. Et ne desire pas auoir grant nom ou estre
repute grant clerc et de grant renommee ou auctorite et science.

Demãde Voulentiers ce que tu nauras pas et escoute paisiblemēt
les parolles des saintz sans Vouloir discuter ou estriuer contre eulp
Et nayes pas desplaisir ou mesprisement es parolles des anciens
Car elles ne sont pas dictes sans cause.

Des mauluaises et desordonnees affections. Vi. chappitre.

Quant Vne personne desire ou couuoite Vne chose desor/
donneement il est hors de paip de cueur et trouble. Et po2
ce Vng orgueilleup et Vng auaricieup nont iamais paip
Vng hūble de cueur et poure desperit est tousiours en
grant paip et transquilite. La personne qui nest pas encores bien
mortiffiee est tantost temptee et tantost surmontee et Vaincue mesme
ment en petites choses et Viles. Car pource quelle est encore enfer/
mee et cōme charnelle et comme enclinee par amour et affection aup
choses Visibles et mondaines a grant peyne et difficulte se peult elle
en son desir et affection retraire des choses terriennes. Et pource elle
a souuent tristesse et desplaisir en soy quant il fault quelle sen oste et
retraye ou de legier se courrouce a aultruy se on luy Vult resister. Et
sil aduient que son desir soit acomply et quelle ait ce quelle demande
elle en fait apres conscience et est courroucee de ce quelle a ainsi en/
suyt son desir et sa passion en chose qui ne luy proffite point a la paip
de son cueur laquelle il cuydoit par ce auoir. On treuue et acquiert
on la Vraye paip de cueur par resister a ses Vices et passions desordō
nees nō pas par les ensuyr et les seruir et acōplir. Et pource na point
de Vraye paip Vng hōme charnel et mondain et qui se habandonne
aup choses terriennes. Mais seullement celluy qui est espirituel.

De fouyr Vaine esperance et elacion. Vij. chappitre.

Celluy est Vain qui mett son esperance en aultre hōme ñ
en ihesucrist ou quelcōque aultre personne. Nayes point
de hōte de seruir pour lamour de dieu ne destre poure en ce
monde. Ne te eslieue point sur toy mesmes cest adire ne
presume pas en toy des choses qui passent et epcedent ta faculte et
ton estat. Mais mett ton esperance en ihesucrist fays ce ñ en toy est

Cest adire ton pouoir en bien et dieu qui verra ta bõne voulente te
aidera au surplus. Ne te cõfie pas en ta science ou en la prudence de
quelcõque hõme viuant Mais plus en la grace de dieu qui aide aup
humbles et humilie ceulp qui presument de soy mesmes. Ne te glo
rifie pas en richesses se tu en as ou en tes parens pource quilz sont
grans et puissans. Mais en dieu qui dõne toutes choses. et sur tou
tes choses se veult donner. Ne te orgueillis pas pour la beaulte ou
force de ton corps car vne petite maladie laura tantost abatu et en
laidy. Ne te glorifie pas en toy de ton habilite ou de ton engin que
tu ne desplaises a dieu qui le ta donne et tout ce que tu as de bien na
turellement en toy Ne te repute pas meilleur que les aultes car par
aduenture es tu pire deuant dieu qui scet bien ce qui est de bien en toy
mieulp que toy mesmes ne faiz. Ne tẽ orgueillis pas de tes bõnes
euures. car aultres sont les iugemens de dieu auquel par aduentu
re desplaist ce que les hõmes loent en toy. Se tu as en toy aulcune
chose de bien pense que les aultres valent encores mieulp affin que
tu gardes tousiours humilite en toy. Il ne te peult nuyre se tu te re
putes le plus meschant de tous les aultres. Mais tresgrandemẽt
te nuyst se tu te preposes ou reputes meilleur dung tout seul. Paip
est tousiours au cueur de lumble. Mais le cueur de lorgueilleup est
tousiours en ennuys indignacions et noises.

De nauoir point trop grant familiarite a quel
que personne. Viij. chappitre.

Ne reuelle pas ton cueur a toutes personnes Mais ayes
conseil a cestuy qui ayme dieu. Soyes peu souuent a
uec ieunes gens et estranges. Ne flate pas les riches
et ne te mõstre pas ou bien peu souuẽt deuant grans sei
gneurs. Mais a cõpaigne toy auecqs hũbles simples et deuotz et de
bõnes meurs et parle de choses de edificacion. Ne soyes point fa
milier aup femmes. Mais tout en cõmun prie dieu pour elles et en
especial pour les bonnes desire estre seullement familier a dieu et a
ses angelz et euite le plus que tu pourras la cognoissance du mon
de. Car on doit auoir charite a tous et non pas familiarite.

Aulcuesfoiz aduient que on aymē Vne personne que lon ne cōgnoist
pas et touteffoizelle ne plaist point apres ce que on en aura la congnoissance ou familiarite a elle. Car nous cuydons aulcuneffoiz
plaire aup aultres personnes par nostre familiarite et touteffoiz
nostre frequentacion leur desplaist.

Destre obeissant et subiect. ip.chappitre.

Est tresgrant bien destre en obeissance soubz vng prelat a qui on obeisse et que on ne soit pas en sa puissance
Car cest pl' seure chose de ainsi estre q̃ destre en plature
Mais aulcuneffoiz aulcūs ainsi demourēt pl' par paoue
ou necessite et crainte que par amour de charite et telz sont en grant
payne et de legier murmurent. Et par ce nacquierēt point vraye liberte de cueur se ilz ne se submectent de tout leur cueur a leur maieur po-
lamour de ihesucrist. Va ou tu vouldras en quelque lieu ne en quel
estat tu ne trouueras parfaicte paip ou repos en ce monde fors en
humble subiection a son prelat Car desirs de diuers lieup et mutacions ont deceuz plusieurs religieup. Il est vray q̃ vng chascun en-
suyt voulentiers et senclíne a ceulp qui sont de son oppinion. Mais se
dieu est auec nous et que nous le querons vrayement il fault que
pour lamour de luy nous laissons ce propre sens et sentement pour le
bien de paip. Qui est celluy qui puisse estre si sage qui puisse tout sauoir. Et pource dōcques ne te fye pas trop en tes sens: mais ensuy
voulentiers le sens daultruy. car iacoyt ce que tu ayes bōne oppiniō
et touteffoiz po' lamour de dieu tu la laisses et fais la voulēte daultruy. Par ce tu proffites plus et desiers la grace de dieu voyre touteffoiz puis que la voulente daultruy nest pas cōtre le commandemēt
de dieu et ne trait pas a peche ou contre ce que tu es tenu de faire selon ta religion. Jay souuent ouy dire que cest plus seure chose ouyr
et croire le conseil daultruy que le sien propre. Et iacoyt ce que le
sens et oppinion dung chascun soit bon. Touteffoiz vouloir ensuyr toussiours son sens et ne croire point a aultruy mesmemēt quāt
il y a cause et raison pour quoy on le doit faire. cest signe de tresgrant
orgueil et presumpticõ.

De escheuer superfluite de parolles. ŷ. chappitre.

Scheue tãt ꝗ tu pourras la tourbe et tumulte du mõ
de. Car sauoir souuẽt les besoignes du mõde et en ouyz
parler empesche grandement a auoir paix et transquili/
te de cueur suppose que telles parolles soyent dictes sim
plement et sans mauluaise entencion. Car la vanite du monde de
legier ordoye lame et aueugle lentendement. Et se on demande pour
quoy doncques en oyons nous si voulentiers parler et auons voulẽ
tiers telz fabulacions ensemble iacoyt ce que a payne ou peu souuẽt
nous departons nous sans blecer nostre conscience. Laquelle ble/
ceure nous sentons et apparceuons quant nous nous voulons re/
cuillir et retourner a nous et a nostre silence. Je dy que cest pource ꝗ
par telles collocucions et fabulacions ensemble nous querons cõ
solacions exteriores. et aulcunes subleuacions des temptaciõs que
par aduenture nous soustenons au cueur et prenons plaisir a par/
ler de ce que nous auons moins ou desirons suppose quil nous soit
contraire a nostre propos et cõtre lintencion de nostre estat. Mais ce
ste cõsolacion nous est trescõtraire car elle est tresnuysante a la cõso/
lacion diuine. Et pource nous deussions aduiser et penser que nous
ne perdons nostre temps au moins sil nous est licite et exppediẽt de
parler parlõs des choses qui soyent de edificacion.　Deux choses
sont qui font et empeschẽt moult a garder mauluaise lengue. Cest/
assauoir mauluaise acoustumance et negligence de proffiter. Et par
le cõtraire bõne acoustumãce et desir de proffiter sont et vallent mõlt
a garder la lengue. Et aussi vault moult et proffite a acquisiciõ de
vertus et paix de cueur parler de deuocion et de proffit espirituel mes/
mement quant on est auec gens de tel estat et aussi de tel propos.

De acquerir paix de cueur et auoir ialouzie de proffiter pi. chap.
　Ous pourrions legierement auoir paix se nous ne
nous occupions pas en faiz et en parolles qui nap/
partiẽnent pas a nostre estat. Car comme pourra celluy
paix auoir ꝗ se mesle des besoignes daultruy qui quiert
occasion destre souuent dehors qui peu souuent ou rien recolige en soy.

Bonnes simples gens qui ne pensent a nul mal sont bien eureux
Car ilz ont tousiours paix du cueur. Pour laquelle cause aulcuns
saintz ont este tant contemplatifz et esleuez en lamour de dieu pour
ce quilz se sont estudiez a eulx mortifier de tous desirs terriens et de
tout leur cueur ont tedu a eulx ioindre par amour et vacquer de tou[s]
pointz a penser a luy. Et pource que peu souuent nous efforcons
a vaincre parfaictement noz pechez non pas seultemet vng ne aus
si a proffiter pource demourons nous tousiours tepides remys et
negligens. Mais se nous mections peyne de nous mortifier et que
ne nous appliquissions pas en ces besoignes terriennes et mondaines. Lors pourrions nous aulcune chose sentir de dieu et par co
templacion epperimenter de la doulceur celestielle. Et le plusgrat
empeschement que nous ayons ad ce sont noz passions et concupi
scences desquelles nous ne nous efforcons pas de nous en despes-
cher et ne prenons ardamment le chemin des saintz perez passez.
Et se nous commencons aulcun bon propos acomplir et mectre a
effect et il nous vient aulcune aduersite tatost nous laissons tout
et retournons a auoir consolacions terriennes. Mais se nous no[us]
efforcions de fort combatre et estre fermes et stables en cest assault
tantost nous apperceurions laide de dieu. Car il est tout prest a aider a ceulx qui pour lamour de luy se combatent fort et ont en luy le
seulle esperance. Et pource nous donne il et seuffre venir les assaulx
de ses temptacions affin que nous ayons occasion de cobatre et par
son aide nous puissons vaincre et surmonter et que nous soyons
couronnez et remunerez de nostre victoire. Se nous mectons no
stre fin de perfection de religion en ses obseruances epteriores nostre
deuocion tantost se dilate. Mais venos a la racine cestassauoir a la
cause pourquoy elles sont ordonnees. Laquelle si est affin que no[us]
nous purgeons et nectoyons des vices et passios et puissons auoir
et acquerir paix de cueur et purite de conscience. Se nous mectios
peyne et diligence de eptirper de nous et arracher au moins vng vice parfaictement ou vne passion mortifier tous les iours nous vien
drions tantost a perfection. Mais souuent est par le contraire que
nous valions mieulx et estions plus deuotz et feruens au comence
ment quant nous venismes en religion que nous ne faisions grat

temps apres nostre profession et que nous y auons longuement de
moure. Et quant nostre serueur deuroit tousiours croistre a nostre de
uocion nous reputons maintenant grant chose et loe son cestuy qui
peult preseruer et la garder en son estat. Se nous faisons biolen
ce au commencement. Lors nous ferions apres toute chose legiere
ment et a grant ioye. Cest forte chose de laisser sa coustume anciēe.
Mais cest plusforte chose de laisser sa propre boulente. Et se tu ne
peuz vaincre et surmonter les legieres et petites choses cōment vain
cras tu et surmonteras les fortes et difficiles. Et pource resiste au
commencement a ta mauluaise inclinacion et laisse ta mauluaise a
coustumance affin que par attendre longuemēt tu ny tiengues plus
grant difficulte. O se tu pensoys comment tu feroys grant ioye et
seroys occasion de grant paix a tes compaignons et a ceulp qui sont
auec toy en toy gardant soingneusement et mettant peyne de proffi
ter Je croy que tu y mectroys plusgrant diligence.

Du bien et proffit que fait aduersite et tribulacion. xiij. chappi

Est ung tresgrāt bien que dieu nous fait de nous souf
frir tenir tribulacion et aduersite: Car par ce souuentes
foiz vne personne retourne a soy pource quil congnoist
quil est encores en epil et non pas en son pais. Et po
ce il ne mect pas son esperance en ce mōde. Cest nostre grant proffit
que nous souffrons cōtradictions a nostre propre boulente et q no
pensons et cuidons que on scet mal de nous et que on ne nous repu
te pas parfaitz suppose mesmes que nous cuidons tousiours bien
faire et que nous nayons quelque malle entēcion. Car ces choses
nous gardent de nous en orgueillir et nous deffendent dauoir vai
ne gloire de noz bōnes euures. Car lors nous nous adioingnons
tant seullemēt a dieu destre tesmoingz de noz operacions quāt nous
sommes mesprisez du mōde et que on ne nous veult croire. Et po
ce se deuroit la personne de tous pointz affermer a dieu et fier. Et par
ce il ne seroit point besoing quil querist les cōsolacions humaines.
Quant vne personne de bōne boulēte a tribulacion ou affection de
cogitaciōs lors congnoist elle mieulp laide de dieu luy estre necessaire

l

fans lequel il cõgnoist et scet quil ne peult nul bien faire. Lors aussi
il retourne a dieu en larmes et en gemissemens et le prie pour ses mi
seres quil seuffre. Lors est il en Soye de lõguement Siure en ce mõde
et desirer la mort p̃ estre deliure de ses miseres et estre auec ihesucrist
Car lors aussi il cõgnoist quil ne sera en parfaicte transquilite ne
plaine paix en ce monde tant comme il y sera.

De resister aux temptacions. piij. chappitre.

Aut cõme nous sommes en ce mõde nous ne sommes
point sans temptacions. Et pource est il escript au liure
de iob. La Sie de lõme sur terre est temptacion. Et pour
ceste cause doit estre Sng chascun soingneup de soy garder et estre Saillant en oraison ad ce que lenemy ne treuue lieu ou ma
niere cõme il le puisse decepuoir. Car il ne dort pas mais enuironne
de toutes pars regardant et escoutant comme il puisse decepuoir. Il
nest pas parfaict ou si saint qui nait des temptacions lesquelles ia
mais ne deffaillent de tous pointz. Mais elles nous sont souuêtef
foiz proffitables iacoyt ce quelles nous soyent ennuyeuses et grief
ues a porter. Car par elles lomme est humilie et purge et enseigne.
Tous les saintz de paradis sont passes par temptacions et ilz ont
proffite. Cest adire ilz ont acquis merite enuers dieu. Et ceulp qui
ne les ont peu porter ou soustenir mais en icelles ont este surmõtez
sont reprouuez de dieu. Il nest si saint ne secret ou il ny ait tempta
cions. Il nest personne si saincte qui soit asseuree de temptacions tãt
comme il Siura en ce monde. Car nous portons en nous mesmes
la cause de la temptacion qui sommes conceuz et engendrez par cou
cupiscence. Et tantost que Sne temptacion est passee laultre reuient
tousiours trouuons nous deffaulte en noʔ ou chose qui noʔ desplaist
Car par ce peche nous auons perdu nostre felicite. cest assauoir nostre paix. Plusieurs sont qui cuident euiter et fouyr les temptaciõs
et ilz y chcêt et tombêt plusfort. Nous ne le pouons Saincre ne sur
mõter par fuyr mais par Sraye humilite et paciêce noʔ sõmes plusfors
q̃ noz ennemys. Celluy qui cuide Saincre et surmõter seullemêt par
delptrs eschapper et fuyr et ne Sa pas ala racine proffite. mais écoref
plustost les têptaciõs luy retournêt et les sêtira plʔ griefues et fortef

Mais par paciemment et longuemēt soustenir en faisant son deuoir
auec la grace de dieu il les surmonte et vainct mieulx que par violē
ce et importunite. Demāde souuēt conseil en temptacion et le croy.
Et se on le te demāde si le baille voulētiers et doulcement selon que
dieu te inspirera et ne repnēs pas rudemēt ou mal gracieusemēt ains
reconforte et cōsole cōme tu vouldroys que on te fist en cas pareil.
Cōmencemēt de tout mal et de toute temptaciō est incōstance de vou
lente et petite cōfiance en dieu. Car ainsi comme vne nef en la mer
sans gouuerneur va ca et la pour les flotz et vndes de leaue qui la
boutent et chassent en diuerses parties. Ainsi est vng remys ou las
che et paresseup en son propos et qui de legier change sa voulente.
Le feu espreuue lor. Et la tēptacion lōme iuste. Nous ne sauons
souuētesfoiz quelz nous sōmes. Mais la tēptaciō nous preuue et de
monstre nostre force et foiblesse. Touteffoiz on doit estre soingneup
de resister au cōmencement de la temptaciō. Car lors est elle plustost
surmontee et vaincue se on ne la laisse pas entrer dedens luy de no
stre cueur. cest adire q on ny preigne point plaisir ou delectacion. mais
que au cōmencemēt tātost que on la sentira que on y resiste. Et pour
ce dit vng poete. mect remede au cōmencemēt cestassauoir tantost que
on sent la maladie. Car aulcunesfoiz on attent trop a appareiller la
medicine. Car on laisse la maladie si fort en raciner que la medicine
ne peut guerir. Pareillemēt ad ce propos la cogitaciō ou pensee sim
ple vient au cōmencemēt. Apres vient forte ymaginaciō. cestassauoir
que on si arreste et prent on plaisir a y penser. Apres la delectaciō lō
gue. Apres leuure que on acōplist le peche. Et ainsi peu a peu lenne
my entre au cueur de la personne de tous pointz pource que on ne luy a
bien resiste au cōmencement . Et detant que la personne attendra
plus lōguement a y resister detāt sera elle plus foible de iour en iour
et trouuera en soy moins de force et lēnemy plusfort et plus puissant
cōtre soy. Aulcuns sont qui au cōmencement de leur cōuersion sont
plusfort temptez. Les aultres a la fin de leurs iours. Les aultres
par toute leur vie ont temptacions. Les autres par tout leur tēps
neu ont gueres selon lordonnance de la diuine sapience qui cōgnoist
et scet tout et la force et vertu dung chascun. Et tout dispose selon
sa bonte cōme il scet q a vng chascū est besoing et proffitable pour le

salut. Car il fait tout po' le salut de ses amys et esleuz et mesmes
dung chascuny se a nous il ne tient. Et pource quant nous auons
temptacions nous ne nous deuons pas deseperer mais se prier pl'
iustement quil luy plaise nous aider en ceste tribulacion. Car ainsi
cõme dit saint pol lappostre il ne no' laisse pas tempter plusfort que
nous ne pouons soustenir luy qui scet nostre force qui est tres petite
et nulle sans laide de luy. Et pource nous deuons nous humilier
soubz sa puissance en toute aduersite et temptacion. Car il sauue et
deliure tousiours les humbles et epaulce leurs oraysons en tribulacions et temptacions cõme si est pource cõme il aproffite et par ycelle
congnoist mieulx son merite et sa force et vertu par ainsi luy est mani
festee. Se nest pas grãt chose se vng hõme est deuot et feruẽt voulx
hũble et begnin quant il na point de temptacion ne dauersite et quãt
on ne luy dit rien qui luy desplaise ou contre sa voulente. Mais se en
aduersite temptacion ou tribulacion et quant on le prouoque ou irri-
te par fait ou par parolles et il est pacient voulx humble et de bõnai-
re la appert et est manifeste son proffit sa force sa vertu et ce qui est de
bien en luy. Aulcuns sont qui nont point fortes temptacions mais
foibles et legieres et touteffoiz ilz ne les peuent vaincre ne surmon
ter. Et ce permect et scuffre dieu aduenir affin quilz se tiennẽt en hu
milite par ce quilz pensent que encores seroyent ilz plustost surmontez se elles estoyent grandes et fortes.

De fol iugemẽt. Cest adire que on ne doit pas
follement iuger aultruy.   piiij.chappitre.

yes tousiours les yeulx sur toy. cest adire a tes pechez des
faultes et enfermetez. Et ne iuge pas ou interprete en
malles faitz daultruy. En telz iugemens a aultruy on
pert sa peyne souuent on y erre et y peche lon legierement
Mais en considerant soy mesmes ses deffaultes ses pechez et ses
enfermetez iugeant et cõdempnant on laboure proffitablement.
Nous faisons souuẽt telz iugemẽs selon laffection que no' auons
au cueur cest adire que no' nauõs pas amour et charite a elle. No'
iugeons ou interpretons les faitz en mal. Car par affectiõ desordõ-

nee nous est vray iugement tollu. Se noftre entencioy eftoit cous/
tours pure et nette ey dieu nous ne serions pas si legieremēt trou/
blez quant oy nous dit ou fait quelque chofe contre noftre voulente.
Mais souuēt a au cueur dedens aulcune affectiõ par laquelle par ce
qui nous vient au deuant nous sommes ou dung cofte ou daultre.
ceftaffauoir a iuger ou interpreter ou ey biē ou ey mal. Plusieurs
cuident bien cõgnoiftre leur cõfcience et ny sceuent aduenir a lencer/
cher bien au vif ou lepaminer. Jlz leur femble quilz sont ey bonne
paix de cõfcience quant les chofes viennent a leur plaisir que oy ne
les courrouce point ou trouble.   Mais se dauenture oy leur fait ou
dit aulcune chofe contre leur voulente plaisir ou affection tantoft se
troublent et cõntriftent Et de cefte contriftacioy ou conturbacioy ilz
ne attribuent pas la cause a eulp mais aupaultres. Et pource sou/
uent aduiēt noise et difcencioy entre amps et voifins et mefmes des
religieup pour la diuerfite des voulentez et oppiniõs. Car quātvne
perfonne a acouftume longuement a tenir et ensuyr soy oppinion et
voulente a grant peyne la peult il laiffer pource que lanciēne et vieil
le acouftumance a grant peyne peult eftre delaiffce et a grant difficul
te peut oy aulcuy faire aller contre sa voulente. Se tu te cõfies pl'
ey toy oppiniõ ou induftrie que a raison subiecte a ihefucrift a peyne
ou iamais seras tu enlumine de dieu. Car dieu veult que nous soy/
ons parfaictement subgectz a luy ad ce que noftre sens entendcmēt
oppinion et tous noz membres soyent enflambez de soy amour.

Des euures faictes par charite.   pv.chappitre.

Oy ne doit faire peche pour quelque chofe que ce soit au
monde guaigner ou pour quelque affection ou amour q
oy ait a aultruy. Mais oy peult bien aulcuneffoiz laiffer
ou differer a faire aulcuy bien pour le proffit daultruy ou
auffi pour faire aultre plusgrant biēapres Car par ce oy ne deftruit
pas le bien.mais oy le change en meilleur Sãs charite ne peut ql
que biē proffiter a celluy qui le fait.mais si petit biē neft q sil eft fait
en charite et par charite quil ne proffite trefgrandement a celluy qui
le fait. Car dieu na meftier de nous ne de noz biens. Et pource il ne

l iij

regarde pas la grandeur du bien que on luy fait ou donne. Cel/
luy luy donne grãt chose qui de grãt cueur layme. Celluy fait biẽ bõ
ne oeuure qui fait bien ce quil fait qui veult et desire plus le biẽ daul
truy et le proffit cõmun que seruir a sa propre voulẽte et plaisir et laccõ
plir. Souuẽtesfoiz aduient que aulcuns semblent faire ce quilz fõt
par charite cest adire pour lamour de dieu simplement. Et touteffoiz
cest charnalite et aultre affection ou entencion corrõpue cõme inclina
cion naturelle a ses parens ou aulcuns aultres que on ayme de lõg
temps et pour aulcuns seruices et plaisirs quilz ont aultresfoiz fait
ou pource que sa voulente sencline plus a telle oeuure faire.ou pō aul
cune retribucion et proffit temporel et seruice que on a esperance quilz
feront ou peuent faire au temps aduenir. Mais celluy qui a vraye
et parfaicte charite na ãsque regard ã ce soit ne a soy ne a son pro/
fit ou louenge.Mais seullement a ses cuures quiert et desire la gloi
re de dieu. Il na point denuie sur aultruy.Car il ne desire point sa lou
enge priuee ou propre. Il ne veult point estre loe en ses oeuures.Et
pource se on le loe il retourne toute la louẽge a dieu duquel il scet biẽ
que tous les biens viẽnent qui est fontaine de tous biens au quel
ses saincts ont finablement leur seul repos.O qui auroit vne peti
te estincelle de ceste amour et charite certainement il nauroit pas tãt
seullement reputacion.mais sentiroit tous les biens de ce mõde nõ
estre que vanite et nyant.

De souffrir et porter paciemment les deffaultes
et meurs daultruy.   pvi.chappitre.

A personne doit auoir bonne paciẽce es maulx quil seuf
fre et porte en soy pour lamour daultruy et par soy il ne
peut mettre aulcun remede iusques ad ce que dieu aura
autrement ordonne.   Car il doit penser et aduiser que
parce dieu veult sauoir et approuuer sa sapience sans laquelle ses
merites sont de peu de pris et aussi peu vallent. Toutesfoiz tu luy
dois prier quil luy plaise ay mettre remede selon ce quil scet que be/
soing te est et quil te doint grace de ce porter paciemment. Se il te
sẽble ã aulcun fait mal et est de mauluaise vie tu le dois admõnester

vne foiz ou deux. Et silne te veult croire ne te courrouce pas a luy
ou le temptes especialement se tu nas la charge ou le gouuernement
ne corporel ne espirituel de luy. Mais attens toy de ce a dieu en luy pri
ant que sa voulente soit faicte et son honneur garde en toutes ses crea
tures car il scet bien faire et conuertir le mal en bien. Estudie toy da
uoir en toutes aduersitez paciece et porter paciement les deffaultes
et enfermetez daultruy et penser que aussi tu as en toy plusieurs def
faultes quil couient que les aultres seuffrent et portent paciement.
Se tu nes pas encores on ne te pourroit pas faire telcome tu voul
droys. Coment pense tu q tu faces des aultres a ta voulete. Nous
voulons bien que tous noz copaignons soyent parfaitz mais nous
ne nous voulons amender nous mesmes ou au moins nous ny met
tons pas peyne ou diligence den faire ce que en nous est. Nous vou
lons bien que les aultres soyet pugnys et corrigez tresfort et aigre
ment reprins. mais nous ne nous amendos pas et ne pouons souf
frir correction ou reprehencio. Il nous desplaist se on fait aux aultres
aulcunes graces et relaxacions. mais il nous est grief se on ne nous
octroye ce que nous voulons. Nous voulos tresbien que on face
des ordonnances et status cotre les aultres. mais nous ne pouons
souffrir que on nous restraingne tant soit peu. Et par ce il appert q
nous ne pensons pas noz freres come nous. mais voulos auoir co
me on scet dire vng droit pour nous. et aultre pour noz voisins. Se
tous estoyent parfaictz nous naurios qui nous epertitast et par q
nous souffrissions pour lamour de dieu. Mais ainsi la dieu ordonne
quil en y ait de diuers estats et codicions affin que nous apprenos
a porter les meurs et deffaulx lung de laultre. Car il nya celluy ou il
ny ait adire et quil nait aulcune chose quil fault souffrir et porter en
luy. Il nya celluy qui soit souffisant pour soy gouuerner en toutes
choses quil nait mestier ou besoing daultruy ou en coseil ou en aide
ou en biens. Et pource on doit porter lung laultre recoforter aider en
seigner coseiller et admonester voluntiers et en charite iacoyt ce que
vng chascun se doye efforcer et estre tel ql ait le moins a porter a luy
quil pourra au moins en meurs. Et quelle est vne personne et de for
ce et vertu esperituelle on le cognoist mieulx en aduersite que en pro
sperite. Car loccasion de la tribulacio ou aduersite ne fait pas lome

l iiij

foibſe a reſiſter.mais eſte dmõſtre quel il eſtoit par dvens et que ſa
pacience quil dmõſtroit par dhors de ſuy ne venoit pas.mais pour
ce quil nauoit point dauerſite.

De la vie monaſtique ou de religiõ. pvij. chappitre.

Vi Leult proffiter en religiõ et viure en iceſſe cõe vng
vray religieup il fault quil mette peyne de ſe mortifier et
ſes propres deſirs et plaiſances rõpre ſa propre voulente
ſil Leult auoirpaip et garder en ſoy et a ſes cõpaignons
Ce neſt pas petite choſe de demourer et viure au monaſtere et en re
ligion ſans quelque mauuais nom et ſoyaulment perſeuerer en ycelɩ
luy iuſques a la mort.Bien heureup eſt celluy qui bien y vit et perſe
uerãment.Et ſe tu y Leulp demourer et proffiter repute toy cõe eſtrã
gier et peſerin en ce monde.Se tu Leulp mener vie religieuſe il con/
uient que tu ſoyes fol pour lamour de dieu.Labit et la couronne ne
fait pas le moyne:mais parfaicte mutaciõ de ſes meurs et de ſes cõ/
dicions et paſſions font le vray moyne ou religieup.Qui en religi
on eſt venu pour auſtre choſe que pour lamour de dieu et pour faire le
ſauluemẽt de ſon ame il ny aura que peyne et tribulaciõ et auſſi nau/
ra pas longuement paip ſil ne ſe efforce deſtre le moindre et ſubiect
de tous les aultres au moins quant a ſa reputaciõ.On y doit ve/
nir pour ſeruir non pas pour gouuerner:pour labourer et ſouffrir pey
ne non pas pour eſtre oyſeup et perdre ſen temps en fabulacions.
Car ycy doit on eſtre prouue comme lor et largẽt en la fornaiſe.Et
pource nul ny peult demourer ſil ne ſe efforce de ſoy humilier de tout
ſon cueur pour lamour de noſtreſeigneur iheſucriſt.

Des epemples des ſaintz anciens peres. pvij.chappitre.

Our bien proffiter en religiõ on doit regarder et penſer
au peres anciens et en leur ſaincte vie en laquelle reluyt
toute perfection de ſaincte religion.Et lors on congnoiſ/
ſtra cõment ceſt peu de choſe ce que nous faiſons et pres
que nyãt au regard de eulp et de leur vie. Helas que ſera de noſtre
vie ſeſſe eſt comparee a la leur. Les ſaints amys de dieu luy ont ſer

uy.en fain.en soif.en froit.en chault.en nudite.en labeur.en trauail.
en veilles.en ieunes.en oraisons.en sainctes meditacions.en perse
cucions et en reproches des mauluaiz. O comment plusieurs grã
des et griefues tribulaciõs ont souffert et porte pour lamour de dieu
les saints appostres martirs cõfesseurs vierges et aultres saincts
ensuyuant le chemin de ihesucrist et en fuyant la vie du monde pour
paruenir a la vie pardurable. O comme les anciens peres et her
mites es desers auoyent prins estroicte voye et vie separee du mon/
de. Comme ilz ont soustenu grandes et griefues temptacions.
O quelle tribulacion leur faisoit lennemy. Commet longuemet
et feruamment ilz prioyent dieu. Quelles grandes abstinences
ilz faisoyent. Quelle ialouzie et amour auoyet ilz au proffit espi/
rituel des aultres. Quelles batailles et assaulx soustenoyent ilz
de la chair. Et quelles peynes mectoyent ilz a mortiffier leurs vi
ces et passions desordonnees. Cõme pure et necte entéciõ auoyec
ilz enuers dieu. Pariour ilz labouroyet et de nuyt ilz vacqueoyent
aux louenges et oraisons iacoit ce q en labourãt ne cessoyet pas d'
raison de cueur. Le teps par eulx estoit tresbié et proffitablemet oc/
cupe si leur sembloit estre brief pour la doulcer quilz auoyet en leurs
oraisons et contemplacions. Et par ce aulcunesffoiz oublioyent ilz
a prendre leurs refections de boire et mãger et aultres necessitez cor/
porelles. Ilz renõcoyent a toutes dignitez et hõneurs du monde et
aux effectiõs de leurs parens et amys charnelz. Ilz ne desiroyet qlq
chose qui fust en ce monde. Bien escharcement prenoyent ce qui fai
soit besoing a la vie du corps. Ilz ne vouloyet pas seruir a ler corps
mesmementen ce quil estoit de necessite. Mais en tant quilz estoyent
plus poures des biens de ce monde par dehors: detant estoyent ilz plr
riches de graces et vertus en lame. Ilz estoyent poures et souffre/
teux par dehors. mais en lame estoyent ilz remplys de graces devert'
et consolacion diuine. Ilz estoyent cõme estranges pelerins et mescõ
gneux en ce mõde. Mais ilz estoyent tresfamiliers et amys de dieu et
des anges. Ilz se reputoyent cõme nyãt et mesprises du mõde. mais
ilz estoyent honnorez deuant dieu et esleuez de luy. Ilz estoyent fõdez
en huilite et simplesse et obeissãce en charite et paciéce. Et p'ce to'
les iours proffitoyet et acqueroyent la grace de dieu de plus en plus

Ilz sont exemple a tous bons religieux et nous doiuent plus prouocquer et esmouuoir a proffiter q̃ la negligence des lasches et paresseux a tepedite et remission. La feruer de religion au commencemet
fut grande en deuocion en oraison en sainte emulacion et desir dacque
rir estroictement discipline. Dauoir reuerece a ses souuerains. De
obeyr en toutes choses a ses prelatz. Encores maintenant en sont
les tesmoignages de leur sainte vie. Les enseignemes et doctrines
quilz nous ont laisses lesquelles nous demonstrent cleremet quilz
estoyent saintz et parfaitz qui ainsi vaillammet ont vaincu et surmõ
te le monde. Mais de present on repute grant chose se aulcun ne fait
pas grans faultes ou grãs pechez. ou sil peut paciemment porter et per
seuerer ainsi quil cõmence et demourer en tel estat. En tat q̃ cest grãt
pitie de la laschete et negligence de nostre estat de maintenãt qui ainsi deffaillons et decheons de la premiere feruer et deuocion et nous
ennuye par laschesse et paresse. Mais au moins resueillos nous de rechief et nous epitons a proffiter en vertus puis que auons deuant
noz yeulx si grans exemples de telles deuotes personnes.

   Des excercitacions dung bõ religieux cest adire en quelles eu
ures se doit occuper et excerciter vng bon religieux. xip. chappitre.

      La vie dung bõ religieux doit estre adornee de toutes ver
      tus affin quil soit tel par dedens cõme par dehors se mõ
      stre. Encores plus se doit garder plus purement par de
      dens quon ne doit par dehors. Car par dedens dieu voit
plus clerement que les hõmes ne peuent voir par dehors. Et pource nous le deuons souuerainemet craindre et honnorer en qlque lieu
que nous soyons et purs et nectz cõme les angelz estre deuons en sa
presence. Chescun iour nous deuons renouueller nostre bõ propos
et nous excerciter a saincte feruer et desir cõme se chascun iour nous
cõmencions de nostre conuersion et en priãt dire a nostre seigneur ain
si. Mon doulx seigneur et dieu tout puissant plaise vous moy ayder
en ce bon propos que vous mauez dõne en vostre saint seruice et me
donnez aumoins au iourduy bien cõmencer Car ce que iusques a
au iourduy iay fait est moins que nyãt Et selon nostre bon propos
soit secours de nostre proffit. Car besoing est dauoir grant diligence
a ceulx qui veullent proffiter. Car celluy qui pense souuet a son bon

propos et mett peyne de le garder plusieursffoyz fault. Que sera de
celluy qui ne pense point et ne propose rien fichement ou fermement
en diuerses manieres aduient q̃ nous laissons nostre bon propos.
Et car mesmemẽt une bõne ou legiere et petite obmission de nostre
bõne acoustumãce nest point ou a grant peyne sans nostre grant dõ
maige espirituel. Le proffit et propos des bons est plus fiche en la
grace de dieu en laquelle tousiours se fient que en leur force et prudẽ
ce. Car tousiours q̃lque chose q̃ lõme propose dieu tousiours le dis
pose.   Et la vie ou proffit dune personne nest pas en soy mais en
dieu. Se pour cause de charite ou pour le proffit de son prouchain on
laisse aulcũessfois q̃lque chose de sa bõne acoustumãce. cest adire quõ
ne vacq̃ pas tant ou si lõguement a oraison ou meditaciõ ou q̃lque
aultre expercite espirituel que on auoit acoustume de legier apres le
peut on recouurer. Mais se on le laisse par ẽnuy ou laschete ou paref
se cest mal et reprehensible et a peyne se peut on remettre. Et detant
quon laura laisse plus lõguemẽt detãt aura lon plus de peyne a si re
mettre et y trouuera lon plus de difficultez. Et pource efforcõs no̅
le plus q̃ nous pourrons car encores legieremẽt trouuerõs nous oc
casion de faillir. Si proposons ou pensons tousiours aulcune cho
se de bien. Et mesmemẽt ad ce q̃ nous apperceuõs quil nous est pl̅
expedient. Nous deuõs en tous tẽps cõsiderer noz operaciõs exte
riores et penser de cueur et les ordõner ou appliquer ad ce qui no̅ est
plus necessaire et salutaire Et se no̅ ne pouõs pas cõtinuellemẽt a
uoir ceste cõsideraciõ et recolection ou uniõ de noz pensees au moins
ayõs la aulcũessfoizet par especial deux foiz le iour. Cestassauoir au
matin en proposant no̅ garder par la grace de dieu et disposãt cõe
no̅ occuperõs nostre tẽps a la louẽge de dieu et au salut de noz ames
Et au soir en aduisant cõmẽt et a quoy nous auõs fait au long du
iour. Et de ce q̃ nous trouuerõs auoir este biẽ fait remerciõs a dieu
Et du mal requerons grace et mercy. Or doncq̃s maintenãt arme
toy contre les temptacions de lennemy restrain ta gueulle. cestassa
uoir lappetit de boire et de mẽgier. Et lors tu pourras pl̅ legieremẽt
surmõter les cõcupiscences et inclinaciõs charnelles. Ne soyes ia
mais oyseup. Mais occupe toy et ẽploye biẽ tõ tẽps puis a lire et a
escripre a prier dieu a mediter ou q̃lq̃ aultre labeur proffitable faire.

Toutesfoiz labeurs corporelz se doiuent faire par discrection. Cho
ses spirituelles et qui ne sont pas de la cōmune obseruance ne se doy/
uent pas faire en appert car cest le plus seur de les faire secretemēt
et cest pour la vaine gloire qui en pourroit venir. On se doit garder
que on ne soit paresseup a faire cōmuns labeurs. Cest adire que on
doit faire par cōmunes obeissances qui sont de la cōmune obseruan/
ce de ceulp auec qui on est et en estre plus diligent que de faire singu/
laritez de sa propre voulente. Mais quant on a acomply les cōmu/
nes obeissances ou obseruāces se tu as temps apres faiz ce que ta
deuocion et la grace de dieu te sugereront. Tous hōmes ne peuent
pas auoir vne mesme epcercitacion. mais vne chose est plus conue/
nable a lung que a lautre et a lautre que a lautre. Et pource ches/
cun doit cōsiderer ce qui luy est plus proffitable et si doit occuper mes/
mement en diuers temps se doiuent faire diuerses operaciōs. Car
es festes on doit auoir aultres occupacions que es iours feriaulp.
Et en temps de temptacion que en temps de paip et de tranquilite.
Et en temps de tristesse que en temps de ioye et de lyesse. Quant viē
nent les grans festes et solennitez on doit renouueller et acroistre sa
bonne coustume et se efforcer de prier plus feruammēt les saintz et
de requerir leur aide et se preparer et aduiser cōment on pourra parue
nir a celle feste et solennite perpetuelle qui tousiours dure. Car les
festes et solennitez que nous faisons en ce mōde sont figures et ep
emples de la feste de paradis. Et pource en ce doulp temps des solen
nitez nous nous deuons occuper deuotemēt et preparer a soingneu/
sement garder ainsi cōme se nous deuions en brief recepuoir le loyer
de nostre labeur. Et parce que encores est differee nostre remunera
cion croyons que cest par nostre deffaulte et que nous ne sōmes pas
encores dignes de si grant gloire. Laquelle nous sera demōstree ou
preseruee ou ordonnee de par dieu. Et pource estudions nous de no9
appareiller a nostre fin. Car cōme dit leuāgile. Benoist sera cellup
lequel le seigneur trouuera veillant quant il hurtera a la porte. cest
adire a leure de la mort. Car ie vous dy en verite quil le constituera
sur tous ses biens. Cestassauoir en la gloire de paradis que nous
vueille donner le pere et le filz et le saint esperit. Amen.

De lamour quon doit auoir a solitude et garder silēce.pp.chap.
Tu dois querir et prendre temps pour vacquer et enten/
dre a toy et laisser aulcūessoiz aultres occupatiōs po' pēn
ser aup benefices et dons q̄ tu as receuz de dieu et recoy s
cōtinuellement. Tu ne dois pas estudier choses curi/
euses comme pour passer le temps. Mais tu dois querir matieres
ou escriptures qui te esmeuuent a compunction et a larmes. Se tu
te soustrais et separes de parolles superflues et de nul proffit de cir/
cuiciōs oyseuses cest adire daller et venir ca et la sās cause te garder
de ouyr voulentiers parolles de nul proffit nouuelletez et rumeurs et
detractions. Tu trouueras et auras assez souffisant temps pour
vacquer a toy. Cestassauoir a oraysōs et saintes meditaciōs. Les
plus renōmez saintz que no' ayons fuyoyēt toutes cōpaignies hu
maines tāt q̄ bōnemēt se pouoit faire et desiroyent viure en solitude.
dōt vng philozophe dit. Touteffoiz q̄ ie suis ou habite auec les hō
mes cest adire moins raisonnables ie suis tout en bourdes et faul
ces. Et pource puons no' apparceuoir et congnoistre se y voulons
prendre garde quāt no' auōs lōguemēt iangle et parle auec les aul
tres. Cest plus legiere chose de se taire de tous pointz que soy garder
de faillir en parlant. Cest plus legiere chose de soy garder seul en sa
chābre que soy garder de epceder parmy le monde. Il fault donc/
ques que cellui qui se veult garder par dedēs et sa vie espirituelle se
separe de la tourbe ou cōpaignie des aultres. Alepēple de nostre saul
ueur. Nul ne peult seurement se monstrer ou apparoir fors voulen/
tiers se separer. Nul ne parle si bien cōme celluy qui se taist. Nul
nest si seuremēt presidēt ou prelat des aultres cōme celluy qui a este
longuemēt bon subiect. Nul ne commande si seuremēt comme cel
luy qui a apris a obeir. Nul na seure ioye fors par vo' tesmoingz
de la cōscience. Touteffoiz la ioye et seurte des saintes personnes est
tousiours en crainte et paour. Et pource ne sont ilz pas moins soin
gneup deulx garder humblemēt.pource quilz sont remplis de vertus
et de la grace de dieu. Mais la ioye et seurte des mauluais est plaine
dorgueil et vient de presumpciō et pource en la fin mourent villaine/
ment. Et pource on ne doit point iamais estre en ceste vie mortel/
le quelconque sainctete ou longue demourance que on y semble

auoir ou en monastere ou en solitude. Souuenteffoiz est aduenu
que ceulx qui sembloyent y estre les meilleurs deuant les hommes
et selon lestimacion du monde sont plus laidement et plus perilleu
sement cheuz et tombez par leur orgueil. Et pource est le plus proffi
table a plusieurs quilz ayent des temptacions souuet affin que par
trop grande seurte ilz ne sen orgueillissent et aussi quilz ne se habandon,
nent trop a plaisances et consolacions epterieures. O qui iamais
ne desireroit auoir ioye transitoire et qui ne se occuperoit point en oc,
cupacions mondaines tousiours garderoit sa conscience necte. Et
qui osteroit de soy toute vanite solitude et tant seullemet auoir la pe
see a dieu et es choses diuines et toute son esperace mectroit en dieu
grant repos et paix auroit en sa conscience. Nul nest digne de grant
consolacion se il ne epercite diligemmet en sainte copuction de cueur
Tien toy en ta chambre cest adire soyes tout seul et boute hors de
toy toutes noyses cest adire pensees du mode selon ce quil est escript
Ayes compuction en ta couche et en ton lict. En ta selle tu trouue,
ras ce que tu as perdu hors dicelle. La selle est doulce a celluy qui
la acoustumee. Mais elle est ennuyseuse a celluy qui ne si tiet pas
souuet. Se au comencemet de ta couersion tu acoustumes a y estre
et la garde vouletiers elle te sera apres tres amyable a grat coso la,
cion. En silence et repos proffite lame deuote et recoit reuelacions
diuines mesmement des choses oscures de la sainte escripture. La
trouue elle leaue de lermes par lesquelles chescun mieulx se peult la,
uer et nectoyer affin que de tat soit plus familier a son createur detat
quelle se separe plus du monde et des secularitez. Qui docques se
souftrait de ses prochains et amys charnelz et modains dieu et les
angelz approcheront de luy. Cest plus proffitable chose de soy mucer
et penser a soy que faire miracles et soy oublier. Cest la louege dug
religieup daler peu souuent hors de son cloistre et ne vouloir point y
estre veu et aussi ne vouloir point veoir aultruy. Il nest point de be,
soing de veoir ce que on ne doit point auoir ne desirer. Le mode se pas,
se et les cocupiscences. Les desirs et vouletez de la sensualite attrayet
a prendre esbatemens et consolacions epterieures. Mais quat leure
ou teps est passe on ne sent en sa coscience que tribulacio et dispersio
de cueur. On y va ioyeusemet. mais on en retourne en grat tristesse.

On rilte au soir en ioye et lyesse. mais on sent le matin en soy grãt
melencolie et tristesse. Et ainsi est il de toute ioye et cõsolaciõ charnelle ou corporelle et mõdaine. Car on la recoit voulẽtiers et legierement. mais la fin est amere et mortelle. Quelle chose peuz tu veoir
dehors que tu ne puisses aussi biẽ veoir dedens que le ciel et la terre
et les ellemens. Car toutes aultres choses sont faictes diceulx.
Tu ne peuz veoir que puisse estre et demourer longuement en ce mõde
Et par aduenture tu cuides saouler et appaiser tõ desir. mais tu te
decoys car tu ne le peuz faire.   Se tu pouoys veoir a vne foiz en ta
presence toutes les choses du monde que auroiz tu guaigne fors q̃
vanite. Lieue tes yeulx en hault a dieu et le prie pour tes pechez et
negligences. Laisse les vanitez au mõde et pense et entens aux cõ-
mandemẽs de dieu. Clos ton huys sur toy et appelle et inuite dieu
auec toy tõ bõ amy ihesu et quãt tu le sentiras tien toy et demeure auec luy en ta chãbre. car tu ne trouueras pas aultre part si grant
paix et cõsolaciõ. Se tu ne ten pars point ou esloignes et ne vas
dehors pour ouyr rumeurs et parolles mondaines detant demourra
il plus lõguement auec toy et sentiras paix et tranquilite. Mais se
tu te delictes a ouir quelques nouuelletez il est necessite que apres tu
en sentes tribulacions et assaulx en ton cueur par desolaciõ.

De auoir ou enquerir compunctiõ.   ppi. chappitre.

Se tu veulx bien proffiter garde toy et te tien en la crainte et paour de nostreseigneur ihesucrist et ne desire pas a
estre franc ou en ta liberte. Mais reffrain tõ cueur et to-
tes sens soubz discipline et ne te habandonne pas desordonnement a lyesse. mais a compunctiõ. Et lors tu trouueras
deuociõ. Compunctiõ fait plusieurs biens lesquelz dissolutiõ a
acoustume de perdre legierement. Cest merueille comment vne personne peut estre ioyeuse en ce monde se elle considere bien lepil et les
grans perilz ou elle est sans cesser pour la legierete de nostre cueur et
negligence de penser a noz pechez et deffaultes. Nous ne sentõs pas
les douleurs de noz ames mais souuẽteffoiz nous nous esiouissõs
la ou no⁹ deurions gemir et plourer. Il nest point de vraye frãchise ou
liberte ne bõne liesse fors en la paour de dieu et purite de conscience.

Benoist est celluy qui peut oster de soy toute distraction et se reduyre
a vnion de cueur et saincte compunction. Benoist est celluy qui chace
hors de soy et euite tout ce qui peut ordoyer et greuer sa cõsciéce. Se
tu scez bien laisser ce mõde il te laissera bien faire tes bõnes euures
Ne te applique pas ne occupe point en besoignes daultruy et ne te
mesle pas es noyses et cõtensions de plusgrãs que toy. Ayes pre/
mieremét loeil sur toy et pése de ton ame sur toutes aultres choses
tãt soyét chieres. Ne te courrouce pas se tu nas pas la faueur et
louëge du mõde. Mais seullemét ayes desplaisir de ce que tu ne cõuer
ses pas si religieusemét saigemét et deuotement comme il appartiét
a vng bõ religieup. Il est aulcũeffoiz proffitable chose que vne per
sõne nait pas grant cõsolacion en ceste vie especiallement quant au
corps. Toutesfoiz il doit reputer quil est en cause et en coulpe que
les cõsolaciõs espirituelles et diuines luy sõt souftraites et ostees.
Et sont deup causes pourquoy ce tressouuent nous aduiét. Lune
pource que nous ne mectõs pas peyne dauoir vraye et parfaicte com
punction de cueur. Lautre pource que nous querõs trop noz cõsola
ciõs epteriores. Se tu te cõgnoissoys bien tu te reputeroys indigne
nõ seullemét de la cõsolacion diuine: mais plus digne de tribulaciõ
et aduersite. Quãt vne persõne a vraye cõpũctiõ tout le mõde luy
est desplaisant. Vng bõ religieup trouue tousiours souffisante
cause et matiere dauoir douleur et tristesse. Car soit quil pense a
son estat ou a celluy de son prochain il cõgnoist que nul nest en ce mon
de sans tribnlacion. Et detant quil se cõgnoist mieulp detãt a il plus
de douleur. Les matieres et causes de iuste douleur et tristesse interi
ore sont noz pechez desquelz nous sommes enuelopez que a grãt pey
ne et peu souuent nous puuõs nous esleuer a penser aup ioyes de pa/
radis ou aup choses celestes et diuines. Qui plus souuét pense/
roit a la briefuete de ceste vie et de sa mort que a lõguement viure il
nest point de doubte que pluftoft se amenderoit. Se aussi il pensoit
du parfont du cueur les peynes de purgatoire ou denfer. Je crop et
ay esperance que plus voulentiers feroit penitãce en ce mõde et sou/
ftiendroit peyne et tribulacion pour lamour de dieu et ne doubteroit ql
que durte. Mais pour ce q̃ ces choses ne sont point iusques au par/
fond du cueur: mais encores querons nous et desirons noz consola

cions et plaisances mondaines pource demourons nous tousiours
tepides et paresseux et cest souuentesfoiz la deffaulte de lesperit que le
corps se plaint si souuent. Prie donc humblement et deuotemēt a no
streseigneur quil te doint lesperit de compunction. Et luy dy auec le
prophete. Rassaziez moy sire du pain de larmes et me abreuuez de cō
punction en mesure.

De la consideracion de humaine misere. xxij. chappitre.

D es meschāt quelque part que tu soyes et en quelque
lieu que tu te treuues se tu ne te couertis a nostreseigne-
Pour quoy te courrouces tu quāt les choses ne viēnēt
a ton plaisir et ainsi q̃ tu desireroys voulentiers. Qui est
celluy qui ait en ce monde tout selon sa voulente. Ne moy ne toy ne
aultre personne viuant sur terre nul nest en ce monde sans aduersite
et tribulacion iacoyt ce quil soit empereur roy ou pape. Qui est cel
luy qui a mieulx en ce monde. Sans faulte cellui qui pour lamour
de dieu seuffre et porte tout paciemmēt. Plusieurs foibles et enfermez
voire specialement espirituellement souuentesfoiz diet ou pensent en
leur cueur. Regardez comment celluy la est riche quelle vie il maine
Comme il est grāt seigneur puissant et riche. Mais se tu veulx vng
peu regarder aux ioyes de paradis: tu verras cleremēt que cest peu de
chose de telz biens temporelz. Car ilz sont incertains et empeschās
pource que iamais on ne les peut auoir ne garder sans grāt besoing
et peyne et crainte. Ce nest pas la felicite dung homme auoir les
biens de ce monde a son plaisir ou habondance. Mais dit suffire le
moyen. cest adire suffisamment pour soy. Vraye misere est viure sur
terre et dtant que vng homme est plus espirituel dtant congnoist il
plus vrayement et apparcoit plus clerement la misere de ceste vie por
ce quil congnoist et voit mieulx les deffaultes de la corruption de nature humaine. Car boire menger veiller dormir reposer labourer et
estre subiect aux aultres necessitez de humaine nature est tresgrant
misere et affliction a la personne deuote qui voulētiers seroit deliure
et franc de tous pechez et empeschemens de vacquer a soy. Car lō
me interioze. cest adire lesperit est tresfort greue par ses necessitez cor
porelles en ce monde. Et pource le prophete dauid demandoit et

prioit nostreseigneur quil peust estre deliure de ses necessitez corporel/
les en disant deliurez moy sire de mes miseres. Et pource sõt ceulx
meschans qui ne congnoissent pas ceste misere. Et encores les aul
tres plus meschans qui laymẽt et la desirent et y veullent longue
ment demourer. Car aulcũs laymẽt si ardãment iacoyt ce q̃ a grãt
peyne ayent leurs Biures cõme enlabourant ou en querãt leurs Bi
ures pour dieu lesquelz silz puoyent tousiours ainsi Biure peu ou
nyant leur soumedroit de dieu et de sa gloire. O les folz et mescre/
ans de cueur qui si parfondement sont fichez ou tõbez es biens ter/
riens qui ne sentent que terre et choses terriẽes. Mais a la fin les
meschans apparceuront iacoyt ce que par aduenture tart comme Bil
le chose et pres que nyant estoit ce quilz amoyent. Mais les saintz
et deuotz amys de nostreseigneur ihesucrist nont point desire ou ay/
me ce qui estoit plaisant au corps ne les choses plaisantes et delecta
bles au monde. Mais leur esperance estoit et tendoit a dieu et aux
biens pardurables. Leurs desirs estoyent esleuz aux biens par/
manens et et inuisibles et non pas aux Bisibles et transitoires.
Ne laisse pas perdre la constance et temps de proffiter aux biẽs espi
rituelz tant cõme tu as temps et espace. Pour quoy par crastine du
iour a lendemain esloingnes et actens dacõplir ton bõ propos. Lie
ue toy et cõmence et dy. Maintenãt il est temps de faire bien. Il est
maintenant temps de combatre. cestassauoir contre lennemy ou soy
deffendre quil ne nous surmonte. car tousiours il assault. Mainte
nant est temps desoy amender et bien faire quant tu sens que tu as
mal. Cestassauoir que tu es en temptacion ou quelque tribulacion
Lors est il temps de guaigner. Cestassauoir pour auoir patience et
resister a la temptacion. Il te fault passer par feu et par eaue deuãt
que tu Biengues en refrigeracion. Cest adire il fault que tu seuffres
auant que tu soyes couronne. Tant longuement que nous por/
tons ce fresle corps nous ne puons estre sans peche au moins Be/
niel ne Biure sans douleur et tristesse. Nous serions Boulentiers en
repos. Mais pour ce que par peche nous auõs perdue innocẽce. Il
no⁹ fault auoir et tenir paciẽce et actẽdre la misericorde de dieu iusq̃s
a tãt q̃ ceste iniquite soit passee et ceste mortalite soit couertie en Bie.
O cõme est grãde la fragilite humaine qui est ainsi enclinee a peche.

Tu confesses au iourduy ton peche et demain tu y retourneras.
Maintenant tu proposes que tu te garderas tresbiē et tātost apres
tu faiz contre ton bon propos ainsi cōme se tu neusse rien propose.
Et pource a bon droit nous deuōs nous humilier et non presumer
ou cuyder rien de nous qui sōmes si fresles et instables a biē faire de
nous. Daultre part aussi en peu de tēps et legieremēt pouons nous
perdre le bien ou la vertu que a grāt peyne et par long tēps auōs acquise. Que sera ce de nous a la fin de noz iours cest adire en nostre
veillesse qui sommes negligens et remys ainsi tost. Cest adire en
nostre ieunesse. Nous deuons moult doubter que nous ne prenons
mal se nous voulons ainsi tost nous reposer. Cest adire nō estre
point en crainte et doubte de noz ennemys. Comme se nous fussiōs
ia en paix et en tranquilite. Et touteffoiz no⁹ nauōs encore en nostre conuersacion quelque signe ou commencement de perfection ou
sainctete. Il nous seroit encore bien besoing que on no⁹ enseignast
cōme nouices les meurs et cōuersaciō de religiō affin quil y eust au
cune esperāce de nostre amēdemēt et plusgrant proffit espirituel.

De la meditacion de la mort. ppiij. chappitre.

Rescoute que bien brief sera fait de toy. Tu dois pcy veoir et considerer cōme tu te gouuernes en ce monde. Au
iourduy tu es. demain on ne te saura ou trouuer. Et
quant tu seras oste de deuant les yeulx tantost seras tu
hors de la memeire. O la grant folie et durte de cueur humain qui
pense seullement aux biens presens de ce monde et ne luy chault de ce
qui luy est aduenir Tu te dois maintenir en tous tes faiz et pensees
ainsi cōme se tu deuois presentement mourir. Se tu auoyes ta conscience pure et necte tu ne doubteroys point la mort. Se tu nes au
iourduy prest et appareille de mourir cōe le seras tu demain. Le iour
de demain test incertain et ne scays se tu y viēdras. Que nous proffite longuement viure quant nous ne nous amendons ne peu ne riē
Helas la longue vie ne nous amende pas tousiours: mais est aulcuneffoiz cause de faire multiplier et acroistre les pechez. Pleust a
Dieu que nous eussions bien vescu aumoins par vng iour. cest adire
que nous eussions bien employe vng iour sans pescher. Plusieurs

comptent bien leurs ans en religion cestassauoir quilz y ont longue/
ment este:mais souuenteffoiz ya peu de proffit de bonne vie. Se on
a paour de mourir par aduenture il y a plusgrant peril pour toy de lon
guement viure. Bien heureux est celluy qui en tous temps a en sa
memoire leure de la mort et se dispose et appareille a bien mourir.
Se tu as veu aulcuneffoiz aulcun mourir pense que par ce chemin
te conuiendra passer.Quant tu seras au matin pense que par adue
ture ne viendras tu pas au vespre.Quat tu seras au vespre ne soyes
pas seur de veoir le matin. Et pource soyes tousiours appareille et
mect peyne de tellement viure que la mort ne te supzenne pas no prest
et appareille. Plusieurs meurent souldainement et non pourueuz.
Car le filz de lomme cest adire le iuge cest nostre saulueur vient a leu
re que on ne le cuide pas cest a leure de la mort.Quant celle heure se
ra venue tu cognoisteras lors et apparceueras ta vie passee auoir este
moult aultre que tu ne pensoys et seras doulét et triste que tu auras
este si negligent ou remys ou paresseux de bien faire.O comme bié
eureux sera celluy et sage qui mect peyne de tellementviure comment
il fault quil soit trouue a leure de la mort: Grant fiance a leure de la
mort donnent les choses qui sensuyuent. Cestassauoir parfaicte/
ment mespriser le monde.Amour et desir de proffiter en vertu.Amour
de garder discipline.Labeur de penitence. Prompte et appareille a
obeissance.Abnegacion de soy mesmes Cest adire ne tenir compte
de soy. Et pacience en toute aduersite pour lamour de dieu.Tu peuz
faire plusieurs biens tant comme tu es en sante mais en la mala/
die ie ne scay que tu feras.Peu ya de gens qui samédét ou qui vail
lent mieulx en maladie.Ainsi comme en ya qui pour aller en peleri/
nage soyent sainctifiez.Ne te fie a tes parens et amys et pource ne
te attés pas quilz te sauluent.Cest adire que tu ne cuides pas qlz
facent tant de prieres pourtoy ou facent faire que tu soyes saulue.car
ilz te auront pluftost oublié q tu ne péses. Et pource il vault mieulx
que tu te pouruoyes de bonne heure et enuoyes duat toy tes biens
faiz et bonnes euures quauoir esperance en laide des aultres. Car
se tu nes soingneux de toy maintenant a qui pense tu quil en souuié/
gne apres.Maintenant est le temps trespcieux.Maintenant sont
les iours de salut Cest adire esquelz tu peuz faire ton sauluement.

Maintenant est le temps acceptable auquel tu peuz faire chose aggreable et plaisant a dieu et proffitable a toy. Mais helas au iour
duy on employe tresmal son teps en quoy on peut faire chose agrea
ble pour guaigner la vie pardurable. Viendra leure que on desirera
auoir vng iour ou vne heure pour soy amender et ie ne scay se on le
pourra impetrer. Et pource chier amy aduise de quel grant peril tu te
peuz deliurer et côme de grant paour et danger tu te peuz oster et despe-
cher se tu te tiens maintenant en bon estat et que tu soyes suspect de
la mort: cest adire que tu y penses par aduenture maintenant viedra
Estudie toy de tellement viure pour le present que a la mort te puisses plus esiouyr que auoir paour. Apres a ce present mourir au mô
de affin que lors que tu puisses commencer a viure en dieu. Apren a
toy mespriser et humilier pour le present affin que tu puisses lors plaire a dieu. Chastie maintenant ton corps par penitêce affin que lors
tu puisses auoir fiance en dieu. O grant folie est se tu penses icy lô-
guement viure. car tu nas icy quelque iour certain. Plusieurs ont
este en ce deceuz qui sont partis du corps quant ilz ny pensoyêt pas
Plusieursfoiz as tu ouy racompter q lung a este tue par glayue. et
lautre a este noye. Et lautre en cheant du hault en bas cest rompu
le col. Lautre en mengeant cest estrangle. Lautre en iouant est soub
dainement mort. Les vngz ont este mors par pestilence ou aultre
maladie ont fine leur vie. Les aultres par les larrons ou murtri-
ers sont occis. Et ainsi est la mort la fin de la personne. Et la vie
de lomme est comme vng pou dvmbre qui tost se passe. Al qui souuie
dra il de toy apres ta mort ou qui priera pour toy. Et pource chier a-
my fayz maintenant ce que tu pourras de bien: car tu ne sces quât tu
mourras ne quelle chose te aduiendra apres ta mort. En tant que
tu as loisir assemble les richesses immortelles. Ne pense que a ton
salut: Ne pêse que a dieu et ad ce quil luy plaist acomplir. Acquiers
maintenant amys les saintz de paradis en les seruant et honno-
rant et ensupuant leur vie affin que quant ceste vie te sera faillie ilz
te vueillent recepuoir es mansions pardurables Soyes en ce mô
de comme vng pelerin et estranger a quil nappartient et ne chault
et ne sentremesle point des besoignes du pays ou il est ou par lequel
il passe. Garde ton cueur franc et despesche enuers dieu par bônes

meditacions. Car tu nas pas icy certaine ou longue demourance:
Adresse la tes orapsons et prieres cothidiennes en lermes et gemis
semens affin que apres la mort ton esperit puisse franchement aller
et eureusement entrer en la gloire de paradis.

Du dernier iugement et des peynes des pecheurs. xxiii. chappe

A toutes tes euures regarde la fin et pense comment tu
te oseras comparoyr deuant le iuste et vray iuge a qui on
ne peut rien celer.   Lequel on ne peut par dons appaiser
ne corrompre que a celle heure recoyue point dexcusaciôs
mais iugera selon que sera droit et rayson. O tresmeschant peche
que respondras tu lors a dieu qui scet tous tes pechez quât tu doub/
tes aulcuneffoiz tresfort ung aultre homme en ce monde q est cour/
rouce contre toy voyre quant tu sces bien quil a puissance de soy ven/
ger de toy a son plaisir. Pourquoy doncques ne te pourroyes tu au
iour du iugement q lung ne pourra epcuser lautre ne deffendre: mais
ung chascun portera son fays et sa charge. Et pource le present la/
beur que feras en ce monde est a toy meritoire. Les lermes a dieu
agreables. Le gemissement epaudible. La douleur peut satiffaire et
purger grant purgatoire et salutaire est a celluy qui quant il seuffre
aulcune tribulacion ou quelque mal il a plusgrant douleur et côpas/
sion de la malice de celluy qui luy fait que de son iniure propre quil prie
de bon cueur pour ceulp qui luy sont côtraires qui leur pardône de bô
cueur leurs deffaultes qui legierement et voulentiers demâde pardô
a aultruy qui est plus enclin a pardôner que a se courroucer.   Qui
souuenteffoiz se fait violêce côtre ses mauluaises inclinaciôs et se ef
force de subiuguer la chair a lesperit. Maintenant purger et nectoyer
ses pechez et arracher ses vices q actendre quilz soyent apres ce mô/
de pugnis. En ce monde nous deuôs nous mesmes par laffectiô des/
ordônee que nous auôs a noz corps. Et ql est le feu de lautre mô/
de fors tes pechez lequel sera de tât plusfort et enflâbe et ardant que
maintenant tu te espargnes en ensuyuant les desirs de ton corps car
parce tu luy bailles plꝰ matiere de ardre. En ce en quoy lôme a plꝰ pe
che en ce sera il plꝰ pugny. la les paresseup serôt aguillônez et parcez

& aguillôs ardãs Les gloutons par rage de faim et de soif. Les lu/
xurieux et qui ensuyuent leur voluptez charnelles seront baignez en
poix ardant et souffrepuant. Les enuieux côme chiens enragez hu/
leront par force de douleur. Et ainsi il ny aura quesconque vice ou pe
che qui nait son propre tourment. La les orgueilleux seront en grãt
confusion. Les auaricieux seront en grãt misere et pourete. La vne
heure de tourment sera plus griefue et penible que en ce môde scroyêt
cent ans en quesconque penitence que son peut faire. La les dãpnez
nauront quesconque repos ou consolacion. Mais icy cest a dire en ce
monde se vne personne fait penitence ou seuffre quelque aultre ad/
uersite aulcune sfoiz il ya aulcuns repos ou aussi consolacion et côfort
de ses parens et amys Soyes doncques maintenant soingneux et
repentant de tes pechez affin que au iour du iugement tu soyes seur
auec les saints en paradis. Car certainement lors les iustes se a/
dresseront en grant côstance côtre ceulx qui en ce monde les aurôt tri
bulez et fait oppressions. Lors celluy qui maintenant se soubmect
et humilie aux iugemens des hômes ne sera point iuge. Lors le po
ure et humble aura grãt seurte et fiance. Et lorgueilleux aura grãt
paour et honte: Lors apparra qui sera celluy qui aura este sage et
bien conseille qui pour lamour de dieu en ce monde se sera humilie et
mesprise. Lors plaira et sera agreable toute tribulaciô que en aura
souffert pour lamour de dieu en ce monde et toute iniquite estoupera
sa bouche. Lors se esiouyra toute bône personne et les mauluaiz ir/
religieux pleureront. Lors se esiouyra plus le corps qui aura fait
penitence q̃ celluy qui aura este bié nourry Lors resplendira le veste
ment vil et poure. et labit delical sera lait obscur et ort. Lors sera pl⁹
paisible la petite maisonnete que le grant palaix pare et dore. Lors
aidera plus ferme et constance paciéce que toute la puissance du mô
de. Lors sera plus epaulcee humble obeissance que toute seculiere
cautelle et prudéce. Lors sera pleyne de ioye pure et bône côsciéce pl⁹
que quesconque clergie ou philozophie. Lors sera plus aprecie le
mesprisement des richesses que tous les tresors du monde. Lors
plus reconfortera deuote orayson que precieuses viandes et grans
desirs. Lors tu auras plus de ioye dauoir garde ta siléce que dauoir
longuement iangle et parle. Lors proffiteront plus bonnes eu/

m iiij

ures que belles parolles et aornees. Lors plus proffitera a auoir
mene estroite vie et fait grant penitence quauoir prins les plaisirs
et delectacions terriennes. Se tu aprens maintenãt avng peu souf
frir tu pourras lors estre deliure de plusgrans et griefz tourmens.
Esprouue toy icy en ce quil te fauldra apres par dela souffrir. Se
tu ne peuz icy vng peu souffrir. Comme pourras tu porter les tour/
mês pardurables. Se vne petite engoisse ou douleur te fait main/
tenant si impacient que te fera le tourmêt denfer. Je te prometz que
tu ne peuz auoir les deux ioyes. Cestassauoir cy en ce monde auoir
tes plaisirs et delectacions. et la en paradis regner auec ihesucrist.
Si iusques au iourduy tu auoys este et vescu de puis le commence
ment du monde en grans honneurs et plaisirs et delectacions cor/
porelles et mondaines que te proffiteroit tout se tu deuoys mainte/
nant mourir et estre dampne perpetuellement. Et pource en ce mon/
de est toute vanite fors amer dieu et luy seruir tant seullement deuo
tement Car qui ayme dieu de tout son cueur il ne doubte ne mort ne
peyne ne tourment ne le iugement ne enfer ne quelconque aultre cho
se. Car parfait amour luy donne seurs acces et fiance enuers dieu.
Mais celluy qui encores prent plaisir a pecher et se delicter nest pas
merueilles sil doubte la mort et le iugement. Et cest pource quil na
pas fiance ne esperance a soy sauluement pour le remors de sa consci
ence.   Mais touteffoiz si a len commencement de bien suppose que
ne te abstiengnes pas de peche ne de mal faire pour lamour de dieu
purement que au moins tu ten abstiengnes pour la crainte et paour
de la peyne. Jacoit ce que celluy qui se abstient plus pour la paour de
la peyne que pour lamour de dieu ne pourra pas bien longuement en
bien perseuerer: mais de legier cherra et tombera es las de lennemy.
Car il na pas la grace de dieu. Laquelle seullement fait perseue/
rer en bien et acomplir son bon propos.

De la feruer que on doit auoir a amender toute sa vie. pp8.
chappitre.

Oyes doncques esueille ou diligent au seruice de dieu et
pense tousiours pourquoy tu es venu en religion et pour
quoy tu as laisse le monde et les biens dicelluy. Ny
es tu pas venu affin que ta vie fust ordonnee au seruice

de dieu et que tu soyes espirituel qui par auant estoyes charnel. Et
pource soyes feruent et diligent a proffiter. Car en bien tu recep/
uras le loyer de ton labeur et nauras plus en toy ne paour ne crain/
te ne quelconque douleur. Maintenant tu auras ung peu de peyne et
de trauail mais apres tu auras repos paix et perpetuelle lyesse.
Se tu perseueres feruamment et loyaulment en labourant sans nul
le doubte dieu te fera veritable et riche et habondant en te payant.
Tu dois tousiours auoir ferme esperace de la retribucion. mais po‍ur/
ce ne dois pas prendre telle asseurance que tu soyes negligét ou que
tu ten orgueillisses car dieu ten laisseroit. On racompte dung qui
estoit en variacion de son estat entre paour et esperance et eust voulen
tiers sceu sil seroit sauue ou dampne. Vne foiz ainsi quil estoit pour
ceste cause en grant tristesse et douleur de cueur et sen entra en vne es/
glise et sagenouilla deuant lautel en disant. Beau sire dieu se ie peusse
sauoir que ie fusse sauue come sil voulsist dire quil feroit plusieurs
grans biens et seruiroit dieu deuotement. Et tantost il ouyt vne
voix qui luy dist. Se tu le sauoyes que feroys tu. Fay maintenát
ce que tu vouldroys lors faire et tu seras asseure de ton sauluement.
Et tantost il fut moult recóforte et se remist a la misericorde de dieu
et fut deliure de ceste angoisse et tristesse. Et oncques de puis ne se ef
forca de sauoyr ne de voulopr sauoir ce qui luy estoit a aduenir. Mais
seullement quelle estoit la voulente de dieu a laquelle parfaire et acó/
plir se efforca de tout son pouoir en toutes bonnes operacions soy ex
ercitant. Le prophete dit. Ayes esperance en dieu et fayz bónes
euures et habite ou demoure en la terre et tu seras repeu ou saoule
de ses richesses Ceste terre est la gloire de paradis en laquelle nous
deuons habiter ou demourer par desir et affection. Et lors nous
serons repeuz et saoulez de ses richesses. cestassauoir des biens qui y
sont. Vne chose est qui empesche et retarde plusieurs de proffiter
et amender feruamment leur vie. Cestassauoir quant ilz pensent
a la peyne et trauail quil fauldra quilz prennent a leur vie acoustu/
mee changer et muer. et ceste difficulte leur fait paour. Mais ceulx
qui ont grant voulente de proffiter et dacquerir vertus nest rien quilz
ne faicent et surmótét tant soit grief par la grace de dieu. Car ceulx
qui mectent peyne deulx mortiffier refraindre et vaincre leur passion

iii v

recopuent de dieu plusgrans graces selon leur bonne voulente. mais
tous nont pas vng mesme desir a proffiter et surmonter leurs vices
Et pource aduient il aulcunesfoiz que aulcun bien plain de vices et de
mauluaises passions sera pluftost mortiffie et aura plus de grace de
dieu que cestuy qui aura de meilleures condicions et moins vicieup.
Et cest pour la grant voulente et desir quil a de proffiter et pour la pey
ne quil y mect pourquoy dieu luy aide et luy donne sa grace selon sa
bone voulente. Deup choses sont necessaires a proffiter et amen
der sa vie. Cestassauoir substraire et essoigner de ce a quoy sa condi
cion et nature est mal enclinee. Lautre est de mectre grat peyne dac
querir la vertu quon na pas et que on a besoing dauoir. Garde toy
aussi de faire aup aultres ce qui te desplaist et mect peyne et diligence
de proffiter en toutes choses et faire ton proffit de tout. Cest adire
se tu voys aulcuns bons epemples en vne aultre personne ou que
tu oyez dire aulcun bien de luy, mectz peyne de lensuyr. Et se tu voys
aulcun mal en vng aultre ou se tu oyez dire aulcun mal de luy qui te
desplaise garde que tu ne le faices. Et se tu las aultresfoiz fait a
mende toy et pense que ainsi comme les aultres te desplaisent en ce
aussi desplairas tu a aultruy. Cest doulce chose voir ferueup et
doulp religieup et de bonnes meurs et discipline. Cest aussi grief
ue chose et desplaisant par le contraire voir les aultres mal ordon
nez et mal disciplinez qui ne epcersent pas ou acomplissent les eu
ures de leur religion ou vocacion. Et ceulp icy font tresgrant dom
maige a eulp et a aultruy. Car ilz ne font pas ce a quoy dieu les a
appellez et ne ensuyuet pas le bon propos que dieu leur auoit inspi
re et ne enclinent pas leur sens ad ce qui leur est ordonne. Mais au
contraire remembre toy ou te souuiegne du bon propos que dieu ta
uoit donne et propose deuant toy lymage du crucifip. Tu voys auoir
grant honte en toy se tu regardes bien la vie de nostre saulueur ihe
sucrist qui si longuement estoit au chemin dicelle. et toutesfoiz tu ne
ty es point encores en rien conferme. Le religieup qui ententiuemet
et de cueur regarde la vie et passion de nostre seigneur ihesucrist en se
epcercitant en icelle et confermant trouuera en elle tout ce qui luy est
necessaire pour son sauluemet habondamment et ne luy est ia besoing
querir aultre chose fors ihesucrist car mieulp aussi ne peut il trouuer

O se iħesucrist crucifie estoit souuēt eŋ nostre cueur par deuocioŋ tā/
toft serions sages et clercs. Vng religieup feruent porte et fait vou
lentiers ce quoŋ luy dit et seuffre tout ce qui luy vient au contraire.
Mais vng religieup tepide a tribulacion de toutes pars et āgoisses
Car il na point de consolacion interiore et par dehors luy est deffen/
du quil ne lacquiere. Vng religieup qui vit hors de discipline de sa
religioŋ et regle. de legier est tombe eŋ aulcuŋ incōuenient. Et qui de
mande relapassions et remissions de sa regle a tousiours angoisse
et tribulacion. Car eŋ vne chose ou eŋ aultre trouue tousiours q̃
luy desplaist. Considere comment plusieurs religieup sont qui sont
restrains soubz la discipline de leur cloistre peu souuent ilz vont de/
hors. Ilz viuēt estroictement. Peu mengēt. Ilz sont vestus de gros
draps. Ilz labourent fort. Ilz parlent peu. Ilz veillent longuement
Ilz se lieuent matiŋ. Ilz prient souuent. Ilz estudient souuentesfoiz
et se gardent eŋ toute discipline. Regarde les chartreup cistericiens
moynes et nōnains de diuerses religions comment ilz se lieuēt tou/
tes les nuytz a seruir dieu. Et pource cest grant honte a toy que tu
soyes paresseup. Et si sans euure ou quel tu as si grant epemple de
feruerue es seruiteurs de dieu. O se nous ne pēsiōs a aultre q̃ a ser
uir nostre seigneur iħesucrist et le loer de cueur et corps entier. O se
nous neussiōs mestier de boire de mēger ne de dormir mais q̃ no⁹ puis
sions tousiours le loer et seullemēt vacquer a epercitaciōs espirituel
les cōment nous serions plus eureup que nous ne sommes mainte
nant quāt il nous fault entendre et penser des merites du corps et
luy seruir. Pleust a dieu que ces necessitez ne fussent point: mais tāt
seullement les espirituelles occupacions et refections de lame lesq̃l
les nous goutons et sentons helas peu souuēt. Quāt vne persoŋ/
ne peut venir ad ce que nulle aultre creature de ce mōde quiert cōsola/
cioŋ fors de dieu et eŋ dieu. Lors dieu luy cōmāce a sētir et assauou
rer parfaictement. Lors est biē content de ce qui aduiēt au monde.
Lors il ne se esiouyst eŋ vain de peu de chose ne il ne se cōtriste de peu
grāde mais se mect et fiche entieremēt eŋ dieu qui luy est tout eŋ tou
tes choses et quirien ne perist ou meurt. Mais toutes choses luy viē
nēt a sō plaisir et voulēte sans faillir feruent remēbre toy tousiours
de ta fin. Car le tēps perdu iamais ne retournera ou sera recouuert.

Sans besoing et diligence iamais tu nacquerras les bonnes ver
tus. Se tu commeces a estre tepide et remys et negligent tu com
menceras a auoir mal. Mais se tu commences feruammet a y per
seuerer tu trouueras grant paix et sentiras la peyne et la labeur de
legier pour la grace de dieu et lamour de vertus. Comme feruent et
diligent est prest et appareille a toutes bonnes choses. Cest plus
grant labeur et trauail de resister aux vices et passions que a labou
rer corporellement en grant sueur et peyne de son corps. Qui ne
mect point de peyne a soy garder de petis pechez et deffaulx: de legier
chet et tombe en grans pechez. Tu seras en grant ioye tousiours
au soyr ou au vespre se tu employes bien la iournee. Soyes esueil
le sur toy mesmes et te excite et admonneste. et qlque chose que les
aultres faicent pense de toy saulement autant proffiteras tu com
me tu te feras force et violence.

Contre la vanite de ce monde. xxvi. chappitre.

Ertainement griefue et trop perilleuse est la conuersa
cion du monde. Car en delices est perdue chastete. humi
lite en richesses. pitie en marchadises. charite en ce maul
uais siecle. Car ainsi come est difficille chose que vng
arbre plate empres vng chemin comun puisse garder ses fruitz iusqs
ad ce quilz soyet meurs. Ainsi est chose difficille que vng home qui
conuerse selon la vie du monde puisse en soy garder parfaicte et ne
cte iustice. cestassauoir quil ne offede en plusieurs manieres. O come
sont aueuglez ceulx qui quierent et demandent la gloire et louenge
du monde. Quelle chose est la ioye et lyesse du mode fors mauluai
tie et mauluaise vie non pugnye et non corrigee. Cestassauoir vac
quer a luxure et puroignie a gourmendie a entendre a toutes vani
tez mondaines et de toutes ces choses ne souffrir point de pugnicion
de reprehencion ou correction en ce monde. Car les mauluais cuy
dent estre seurs en ce monde en leurs delices quant ilz ne sont point
corrigez ou reprins pour leurs iniquitez. Et ilz ne sceuent pas
quil nest rien plus maleureux en ce monde que la felicite des pe
cheurs par laqlle ilz tombet en maladie incurable et leur mauuais

se voulente est confermee en mal. Car se tu quiers et desire prelacion
et propose en ton cueur y viure et conuerser iustement et sainctement
ie loe et aproune le bon propos. Mais ien treuue. Cest adire quil
en est bien peu qui y ayent ainsi iustement et sainctement vesquu.
Cest sauuage chose de hault degre et petit cueur. Cest adire dune
personne qui est en grãt estat en saincte esglise et son cueur nest pas
esleue en hault a nostreseigneur ihesucrist es choses diuines. Cest
sauuage chose dauoir le premier siege et la vie derniere. Cest adire
plus basse que les aultres. Grant austerite est de cueur instabilite
Car les prelatz sont dignes de tant de mors comme ilz baillent de
mauluais exemples a leurs poures subiectz et ceulx qui leur sont
commis. Se tu demandes et veulx acquerir sagesse mondaine ha
comme a grant peril ta banndonnes tu. Car la sagesse du monde est terrienne bataille dyabolicque ennemye du sauluement: mur-
triere de vie et mere de cupidite. Et se par aduenture tu desires et
veulx auoir les pompes et orgueil du siecle et ayme les delices de
la chair aduise toy et considere bien comme toutes ces choses sont
fresles et de pou de proffit. car toutes ces vanitez sont cõme vng son
ge. Que a proffite orgueil a tous ceulx qui saymoyent en ce monde
ou aussi la vantance et confiance des richesses. Toutes ces choses
sont passees cõme vng vmbre et comme vne nef qui passe par vne
eaue courant et floctant de laquelle nef on ne peut tantost monstrer
lenseigne du chemin par laquelle elle est passee. Certainement
ilz sont comme sommez et failliz en leur mauluaitie et la plusgrant
partie deulx ont relinque et delaisse comme le sentier ou enseignemẽt
de verite. Ou sont maintenant les princes et grans seigneurs
qui ont este au temps passe. qui auoyent dominacion et seigneurie
sur la terre et sur les bestes du monde qui ont fait et assemble grãs
tresors dor et dargent qui ont ediffiez et construitz citez villes et
grans chasteaulx qui par force darmes ont combatu vaincu et surmonte roys et royaulmes: Ou sont les sages et clercs du temps
passe qui ont descript et mesure le monde. Ou est le bel absalõ. Ou
est alixandre le trespuissant. Ou est sanson le fort. Que sont les
puissãs empereurs. Ou sont les nobles roys et princes. Ou lez a
proffite leur vaillãce vanite et briefue lyesse mõdaine. Grant puis-

sante grant famille voluptez et plaisances charnelles habondance
de leurs faultes richesses. La delectacion de leurs concupiscences.
Ou sont leurs ioyes esbatemens et richesses. Ou est leur vantã/
ce ou arrogance dont ilz estoyent plains. Ou est la noblesse de leur
lignage et la beaulte de leurs corps. Helas tout est failly et passe
adnichille et esuanoy. Car on nen peut rien trouuer ne les reliq̃s
diceulx parmy les aultres discerner pource queles corps deulx sont
en terre pourris et des vers deuourez. Et leurs ames recoyuent la
ioye ou la paine quelles ont merite.

Explicit le liure de eternelle consolacion. Deo gracias.

Cy commence la table de ce present liure intitule eternelle
consolacion lequel contient en soy troys parties ou traictez.

Cy finist la table de ce present liure:
Deo gracias.